JN087545

社会政策の国際動向と日本の位置

社会政策の国際動向と日本の位置（'23）

©2023　居神　浩

装丁デザイン：牧野剛士
本文デザイン：畑中　猛

o-10

まえがき

　イスラエルの歴史学者ユヴァル・ノア・ハラリは著書『ホモ・デウス』（河出書房新社，2018年）において，人類はこれまで，飢餓，伝染病，戦争の３つに苦しんでいたが，現在ではそれらを克服したといっていいレベルにまで生活レベルを向上させたと宣言しましたが，2020年の新型コロナウイルスのパンデミック，2022年のロシアによるウクライナ侵攻，それに伴う世界的な食糧危機への懸念はその宣言の妥当性を疑わせるものになりました。この教材が作成された2022年時点においてはいずれも収束の兆しは見えませんが，後々やはり克服できたといえる時が来るのかもしれません。

　先のハラリの著書でより重要なのは「そもそも人類がこれまで，飢餓，伝染病，戦争の３つの克服に力を注いできたのは，『人間至上主義（人間，人間の生命こそが至高であるという考え）』を実現するために他ならない」という指摘です。またハラリはその前著で世界的ベストセラーになった『サピエンス全史』（河出書房新社，2016年）において，私たち人間＝ホモ・サピエンスが他の人類との競争に打ち勝ったのは，神話や社会制度，国家などの「虚構」を信じる力を手にしたからだと述べています。人間は虚構を共有することで，互いに全く知らない人と協力することができるようになり，それが人間だけにしかできない歴史的進化へと発展していったというわけです。

　私たちが生活しているこの国の経済体制，すなわち資本主義経済も人間の虚構が生み出した歴史的産物といってよいでしょう。資本主義経済とは，教科書的には「封建制に次いで現われた経済体制で，生産手段を資本として所有する資本家が，利潤獲得を目的として，自己の労働力しか売るものを持たない労働者から労働力を商品として買い取り，商品生産を行う経済体制」というような説明になります。私たちはこれを特に実体として意識しているわけではありませんが，当たり前のこととして信じることでこの体制は維持されているわけです。

　資本主義経済はハラリ流にいえば「人間至上主義」を実現する過程において生み出された一つの経済体制ということになりますが，それがいわば必然的に生み出す格差や貧困といった人間社会の不平等を十分に克服するには至っていません。社会政策は，労働政策や社会保障政策などを通じて，そういった資本主義経済の矛盾を解決するための政策体系であると捉えることができるでしょう。社会政策が特に対象とするのは，児童，高齢者，障害者といった資本主義経済の矛盾が集中する人々でありますが，住宅やケアサービス，働き方の問題など，資本主義経済で働く全ての人間の基本的ニーズに関わっています。

　先に引用したハラリの『ホモ・デウス』では，人間至上主義の次なる課題は「不死・至福」であると述べられています。「不死」はさておき，「幸福の追求」はたしかに人間が諦めることのできない根源的な欲求でしょう。資本主義経済という人間が生み出した最大の虚構の中で，人間はさらにどれだけの幸福を追求することができるのでしょうか。また社会政策はこの人間の根源的な欲求にどれだけ応えることができるのでしょうか。

　もしかしたら資本主義経済にかわる新たな虚構が必要になってくるのかもしれません。かつてそれを目指した社会主義経済体制はほとんど崩壊してしまいました。しかし，資本主義経済がいつまでも信じるに値する虚構として存在し続けるかどうかは分かりません。

　私たちが今よりもさらに幸福を追求できる社会のあり方とはどのようなものか，なかなか具体的な将来像を展望しにくい世の中ではありますが，今私たちが信じている虚構から生じる矛盾の実体とその克服を念頭に，新たな虚構の創造も視野に入れながら，本講義のテーマである社会政策の国際的な動向と課題について，学んでいってもらいたいと思います。そこからさらに，この国は今後どのような道を進むべきか，一人一人が真剣に考えるきっかけが得られれば幸いです。

2022年10月

編者・居神　浩

目 次

1 | 社会政策を考えるための
基本的な視点

居神　浩

《目標＆ポイント》　この章では社会政策が対象とする領域を簡潔に示したう
えで，令和2年版の『厚生労働白書』に依拠しながら，日本社会が抱える問
題を「これまで（平成の30年間）」と「これから（令和の20年間）」の2つの
視点から客観的な数字について確認するとともに，平成24年版の『厚生労働
白書』を元に，社会政策を考えるための基本的視点を提示する。
《キーワード》　社会政策，社会保障，日本型雇用システム，メンバーシップ
型雇用

● はじめに

　まず社会政策とは何かについて明らかにしておこう。辞書的な定義と
しては「社会で起こる様々な問題を解決するための公的政策の体系」と
いうことになろう。ここで「社会で起こる様々な問題」とは主に「労働」
と「社会保障」に関する問題である。労働に関する問題としては，賃金
や労働時間などの労働条件に関する問題，労働者と使用者との関係（労
使関係）に関する問題，失業者数や就業者数などの労働力に関する問題，
ジェンダー平等やワークライフバランスなどの働き方のあり方に関する
問題などが挙げられる。社会保障・社会福祉に関する問題としては，年
金・医療・介護といった社会保険に関する問題，障害者や高齢者，ひと
り親家庭など特定のニーズを持った人々への公的サービスを扱う社会福
祉の問題，健康で文化的な最低限度の生活保障と自立の助長を担う公的

扶助（生活保護）の問題，国民が健康に生活できるための保健医療・公衆衛生の問題などである。

　社会政策の研究者はこうした諸問題のうち，ごく限られた問題に特化して，それを解決するための実証研究と政策提言を行っているが，そこに共通しているのは「人々がいかに幸せな人生を過ごし，そしてその人生を全うすることができるか」を追究したいという想いである。この章ではこのような想いを内に秘めながら，社会政策の研究者ではない一般的な市民が社会政策を考える際の基本的視点について解説していきたい。なお新型コロナウイルスの影響については，いまだ総体的な検証を行える段階ではないが，後の検証のための論点を一つ，まず切り口として提起しておこう。

1. 2020年のパンデミック

　新型コロナウイルスが世界的に流行した2020年は社会政策の研究者にとってもまさに盲点を突かれた年であった。感染症の世界的拡大という公衆衛生に属する課題はほぼ解決されたものと考えていたからである。この教材が書かれている2022年4月現在，このパンデミック（感染症の世界的流行）はいまだ収束する兆しを見せていない。感染者数，重症者数，死者数などの観点から見ると世界各国の状況は様々である。感染の拡大を比較的コントロールできた国もあれば，十分にコントロールできず多数の死者数を出した国もある。現時点で各国の政策の評価を行うのはまだ難しいが，収束後に行われるべき政策評価のために，一つ論点を提起しておこう。

　まず必要なのは感染拡大から収束に至る過程における客観的な数字を丁寧に追っていくことである。この点については，日本国内のデータとして「東洋経済 ONLINE 新型コロナウイルス 国内感染の状況」，国際

比較のデータとしては「Worldometer COVID-19 CORONAVIRUS PANDEMIC」のサイトが有益である。どちらのサイトでも感染者（検査陽性者）数，重症者数，死者数を時系列的に追っていくことができる。特に後者のデータでは「100万人当たり」の感染者・死者数が確認できるので，国際比較のうえで大変便利である。

　日本の状況は2022年4月半ば時点で累計感染者数がおよそ700万人，累計死者数が3万人に近づいている（世界全体では感染者数が5億人を超え，死者数は600万人を超えている）。国際比較的に日本は感染者数が比較的低く抑えられていた国であったが，2022年に入ってからのいわゆる「第6波」の到来による感染者の急増で，絶対数としては必ずしもそうとは言い切れなくなった。また「100万人当たりの感染者数」は，ほぼ世界平均，「100万人当たりの死者数」は世界平均のおよそ3分の1以下なので，パンデミックによる犠牲者の数を比較的抑えた国の一つと見てよいだろう。

　そもそも感染拡大当初からインドを除くアジアの国々は，感染が爆発的に拡大した欧米諸国に比べると比較的感染を抑えられていた。ただしアジアの中でもその推移は様々である。日本のように感染の大きな波が何度も押し寄せた国もあれば，ベトナムや中国のように一定期間感染拡大を抑え込んだにもかかわらず，ある時から感染が急激に拡大した国もある。

　日本の場合，感染の波が次第に大きくなるにつれて，医療機関が入院を要する患者を受け入れきれなくなる「医療崩壊」の危機が訪れたことの検証が特に必要であろう。この点については，鈴木（2021）が「少ない医療スタッフ」「多すぎる民間病院」「小規模の病院」「フル稼働できない大病院」「病院間の不連携・非協力体制」「地域医療構想の呪縛」「政府のガバナンス不足」などの観点から検証を行っているので，ぜひ参考

にしていただきたい。

　また前述の「人々がいかに幸せな人生を過ごし，そしてその人生を全うすることができるか」という社会政策的な観点からすると，「感染者数」だけでなく「死者数」に着目した検証が必要であろう。メディアの報道は感染者数に偏重した傾向にあったが，感染者数の拡大に伴う死者数の増加がどこまで政策的に抑制することができたかという視点からの検証が乏しいように思われる。この点を後の検証のための一つの論点として提起しておきたい。

2.　日本社会のこれまでとこれから

　新型コロナウイルスが日本社会のあり方について問いかけてきた問題は非常に大きいものがあるが，それ以前から日本社会が抱えてきた諸問題も十分に確認しておく必要があろう。この点については，「令和時代の社会保障と働き方を考える」を副題として掲げた，令和2年版の『厚生労働白書』が有益である。なお各年版の『厚生労働白書』は社会政策上の課題について毎年テーマを設定し，問題の所在と政策的な指針を示している。平成13年以降の白書については，厚生労働省のサイトに全文がアップされているので，ぜひその他の各年版も参照していただきたい。

　さて，令和2年版白書では「平成30年間の変化と今後の見通し」を冒頭に示している（以下の表1-1を参照）。平成が始まった1989年から令和が始まった2019年までの30年間の「これまで」と，令和が始まっておよそ20年経った2040年までの「これから」の日本社会の変容が全体的に見て取れて興味深い。

　白書の前半は，①人口，②寿命と健康，③労働力と働き方，④技術と暮らし・仕事，⑤地域社会，⑥世帯・家族，⑦つながり・支え合い，⑧

表1-1　平成30年間の変化と今後の見通し

		1989（平成元）年 ＊1は1990年，その他は特記のとおり	2019（令和元）年 ＊2は2015年，＊3は2018年，その他は特記のとおり	2040（令和22）年 【推計・仮定値】
1	総人口	1.24億人＊1	1.26億人	1.11億人
2	65歳以上人口（総人口比）	1,489万人（12.1%）＊1	3,589万人（28.4%）	3,921万人（35.3%）
3	20～64歳人口（総人口比）	7,590万人（61.6%）＊1	6,925万人（54.9%）	5,543万人（50.0%）
4	平均寿命	男75.92歳 女81.90歳＊1	男81.41歳 女87.45歳	男83.27歳 女89.63歳
5	その年の65歳の人の生存確率 90歳まで	男22%　女46%	男36%　女62%	男42%　女68%
	100歳まで	男2%　女7%	男4%　女16%	男6%　女20%
6	出生数／合計特殊出生率	125万人／1.57	87万人／1.36	74万人／1.43
7	未婚率（30～34歳） （35～39歳） （50歳）	男32.8%　女13.9% 〃19.1%　〃7.5%＊1 〃5.6%　〃4.3%	男47.1%　女34.6% 〃35.0%　〃23.9%＊2 〃23.4%　〃14.1%	男52.1%　女35.4% 〃39.4%　〃24.9% 〃　—　　〃　—
8	夫婦の平均予定子ども数／完結出生児数	2.23／2.19人【1987年】	2.01／1.94人＊2	—
9	死亡数（1日当たり）	78.9万人 （約2,200人／日）	138.1万人 （約3,800人／日）	167.9万人 （約4,600人／日）
10	平均世帯人員	2.99人＊1	2.33人＊2	2.08人
11	三世代世帯数（65歳以上の人のいる世帯総数比）	439万世帯（40.7%）	240万世帯（9.4%）	—
12	高齢単独世帯数（高齢者世帯総数比）	162万世帯（24.6%）＊1	593万世帯（31.5%）＊2	896万世帯（40.0%）
13	就業者数	6,128万人	6,724万人	5,245～6,024万人
14	就業率【女性】 （25～29歳） （30～34歳） （35～39歳）	57.3% 49.6% 61.1%	82.1% 75.4% 74.8%	※経済成長・労働参加が進むケース 84.6% 83.4% 88.9%
15	【高齢者】 （60～64歳） （65～69歳） （70歳以上）	52.3% 37.3% 16.4%	70.3% 48.4% 17.2%	※経済成長・労働参加が進むケース 80.0% 61.7% 19.8%
16	共働き世帯数（男性雇用者世帯に占める割合）	783万世帯（42.3%）	1,245万世帯（66.2%）	—

#	項目				
17	非正規雇用労働者数（割合）		817万人（19.1％）	2,165万人（38.3％）	—
18	1世帯当たり平均所得（世帯規模と物価の影響を調整した等価・実質（1991年価格））		368.7万円【1991年】	346.0万円＊3	—
19	ジニ係数	当初所得 再分配所得 当初所得からの改善度	0.4334 0.3643【1990年】 15.9％	0.5594 0.3721＊3 33.5％	—
20	生活意識「大変苦しい」「やや苦しい」の合計		37.7％	54.4％【2019年】	—
21	インターネット利用状況（個人）		0％ 【9.2％（1997年）】	79.8％＊3	—
22	スマートフォン保有世帯割合		0％	79.2％＊3	—
23	親戚，職場の同僚，隣近所の人との関係 ①「形式的つきあい」が望ましいとする割合 ②「全面的つきあい」が望ましいとする割合		親戚　同僚　隣近所 13％　15％　19％ 41％　45％　27％ 【1988年】	親戚　同僚　隣近所 26％　27％　33％＊3 30％　37％　19％	—
24	「日頃，社会の一員として，何か社会のために役立ちたいと思っている」人の割合		61.7％【1998年】	63.6％	—
25	社会保障給付費	名目額 対GDP比	47.4兆円 10.5％＊1	117.1兆円 21.4％＊3	188.2〜190.0兆円 23.8〜24.0％ ※単価の置き方により幅がある
26	患者数	外来／入院	135／774万人 ※医療保険のみ	132／783万人＊3	140／753万人 ※計画ベース
27	介護利用者数	施設利用者数 居宅利用者数	19万人 67万人 【1992年（当時推計）】 ※定員ベース	149万人 353万人【2017年】	238万人 509万人 ※計画ベース
28	医療福祉分野の就業者	数 就業者総数比	221万人 （3.7％） 【1988年（当時推計・事務職を含まず）】	843万人 （12.5％）	1,070万人 （18〜20％） ※需要面から推計した場合

（出所）『令和2年版 厚生労働白書』より引用。

暮らし向きと生活を巡る意識，⑨社会保障制度という9つのテーマに沿って構成されている。以下，表1‐1の数字を追いながら，各々のテーマの要点を確認してみよう。

　まず「人口」について。ここで端的に示されているのは，日本が確実に「人口減少社会」になっていくということである。人口に関する予測は比較的確度の高いものとされているので，これは社会政策的にはほとんど避けることのできない前提条件のようなものである。人口構成として日本はすでに「高齢化社会」（総人口に占める65歳以上の高齢者人口が7％を超えた社会）ではなく「高齢社会」（同じく14％を超えた社会）も超え「超高齢社会」（同じく21％を超えた社会）になっているが，その傾向はさらに増していく。また人口構成に大きく影響を与えるのは，出生数および「合計特殊出生率」（15～49歳までの女性の年齢別出生率を合計したもので，1人の女性がその年齢別出生率で一生の間に産むとしたときの子どもの人数に相当する）だが，いずれも減少傾向で今後も大きな反転は期待できそうにない。

　次に「寿命と健康」について。0歳の人があと何年生きるかで見る「平均寿命」は男女ともに80歳を超え，世界最高水準であるが，今後もさらに伸びていくことが予想されている。65歳以上の人があと何年生きるかで見ると「90歳まで」の確率が男性で3割以上，女性が6割以上となっており，この数字もさらに伸びていくことが予想されている。なお，この表には掲載されていないが，健康上の問題で日常生活が制限されることなく生活できる期間としての「健康寿命」は男性で9年，女性で12年ほど，平均寿命との差がある。

　「労働力と働き方」については，まずこの30年間の大きな変化として「共稼ぎ世帯」「非正規雇用労働者」の増大が注目される。後述するような日本の福祉国家の前提条件であった「男性正社員を一家の稼ぎ手」と

する働き方のスタンダードは完全に成立しえなくなっていることを改めて確認できるデータである。今後の動向としては「就業者数」の行方が注目される。これは「経済成長と労働参加」がどの程度進むかによって，予想の幅が大きく左右される。女性ではいまだに労働力率が下がる年齢層である30歳代と，高齢者では60歳代の労働参加が進まないと，1989（平成元）年の時の就業者数も維持できなくなる。

　「技術と暮らし・仕事」については「インターネット利用状況」と「スマートフォン保有世帯割合」の急増が30年間のきわめて大きな変化であった。この表には記載されていないが，IT（情報技術）やAI（人口知能）の発達が仕事に及ぼす影響も注目されるところである。この点については，オックスフォード大学のカール・ベネディクト・フレイとマイケル A. オズボーンが2013年に発表した「The Future of Employment」において，今後10〜20年の間にアメリカの雇用労働者のおよそ半分（47％）が，日本では野村総合研究所がフレイ＆オズボーンとの共同研究において日本の労働人口の同じく半分（49％）がコンピュータに取って替わられる可能性があるという予想を行っていることを触れておこう。

　「地域社会」については，表の数字としては記載がないが，白書本文中に地域ごとの人口動向の見通しとして，地方から首都圏への労働移動が進み，人口5,000人未満の市区町村が増え，医療や福祉への公共サービス等へのアクセスが課題となることが指摘されている。

　「世帯・家族」については，「平均世帯人員」「三世代世帯数」の減少や「高齢単独世帯数」の増加がさらに続くことが予想され，「家族の縮小」がより顕著になることが注目される。特に「未婚率」は，30歳代のみならず50歳時点における「生涯未婚率」が男性で23％，女性で14％にすでに達していることが懸念される。表には記載がないが，内閣府『令和2

年版少子化社会対策白書』（2021年6月）の推計では，2040年時点で男性では29.5％，女性では18.7％とさらに増加することが予想されている。

「つながり・支え合い」については，意識調査の結果として「親戚，職場の同僚，隣近所の人との関係」において「形式的つきあい」が望ましいとする割合の増加傾向，「全面的つきあい」が望ましいとする割合の減少傾向，「日頃，社会の一員として，何か社会のために役立ちたいと思っている」人の割合が6割ほどで一定数存在し続けている点などが記載されているが，白書本文中には実態として「会話頻度」「日頃のちょっとした手助けで頼れる人」「（子ども以外の）介護や看病で頼れる人」が単独世帯では特に低くなることが指摘されている点は改めて確認しておきたい。

「暮らし向きと生活を巡る意識」については，客観的な状況として，世帯規模の縮小や物価の影響を考慮した「等価・実質」の平均所得がこの30年間で368万円から346万円と全く増えていない（90年代半ばにピークを迎え，その後，長期にわたり減少傾向，近年は横ばい）という点がまず注目される。

これに関連して，「ジニ係数」（社会における所得の不平等さを測る指標。0から1で表され，各人の所得が均一で格差が全くない状態を0，1人が全ての所得を独占している状態を1とする）の動向を見ると，純粋に前年の所得を対象に計算して求める「当初所得」の係数は上昇傾向を示しているが，社会保障料および税金の控除を行い，年金や医療，介護などの社会保障給付を加えた所得から求められる「再分配所得」の係数はあまり大きく変化しておらず，当初所得からの「改善度」としては上昇傾向にある。

表には記載されていないが，白書本文中には，意識調査（内閣府『国民生活に関する世論調査』）の結果として，「食生活や住生活の満足度」

が比較的高いのに対し、「所得・収入や資産・貯蓄」の不満度が高くなっている傾向が示されている。

　最後に「社会保障制度」について。表には「社会保障給付費」に関する数値が示されているが、これは、「医療」「年金」「福祉その他」の社会保障3分野において、税金や社会保険料などを財源とした費用をILO（国際労働機関）の基準によって集計したものである。なお「福祉その他」には介護、生活保護などが含まれ、医療費などにおける自己負担額は含まないことには注意しておきたい。

　社会保障給付費の動向としては、名目値でも対GDP比（その国の経済規模との比較）でもこの30年間におよそ2倍以上に増加していることが確認できる。2040年に向けての予測としては、1.1倍増になることが見込まれている。表中に記載はないが、「部門別構成比」では「年金・医療」が減少傾向（9割から8割弱へ）、「介護・福祉その他」が増加傾向（1割から2割へ）にある。またこれも表中の記載はないが、「社会保障の負担の動向」として、社会保険料も公費負担も上昇してきたが、近年公費負担の伸びが大きい点、2040年に向けて、社会保険料の負担規模は約1割、公費負担は2割強の増加の見込みである点なども確認しておきたい。なお、社会保障の給付規模や国民負担率などの国際比較に関するデータは第15章「日本が進むべき道」で取り上げることにする。

　表中の記載に戻ると、「社会保障の担い手の動向」として「医療福祉分野の就業者数・全産業に占める割合」のこの30年間の増大傾向とともに、2040年までの需要面からの推計として、就業者数は1,070万人、全産業に占める割合として18〜20％程度（就業者の5人に1人）までさらに増大することが予想されている。

　以上、日本社会のこれまでとこれからを示す主な変化について見てきたが、このように客観的な数字を確認することは、この社会の問題を正

確に把握するために欠かせない作業である。この点については，橘木（2021）が，「日本経済」「教育格差」「労働と賃金」「生活」「老後と社会保障」「富裕層と貧困層」「地域格差」「財政」の8つの視点から50の基礎的データを提供しているので，あわせて参照されたい。

　さて白書ではこのような問題の所在を前提に政策の方向性についてビジョンを提示しているが，この点は第15章「日本が進むべき道」で取り上げることにし，ここでは社会政策全般を考える際の基本的な視点を示してみたい。

3.　社会政策を考えるための基本的視点

　社会政策は冒頭に示したように，「労働」と「社会保障」の2つの領域にわたるが，まずは社会保障を考える基本的視点から始めよう。この点については，同じく『厚生労働白書』の平成24年版がきわめて有益である。副題に「社会保障を考える」と掲げるこの白書は社会保障の教科書といってもよいぐらいの豊富な内容となっている。ここでは第1部「社会保障を考える」から第1章「なぜ社会保障は重要か」，第3章「日本の社会保障の仕組み」，の2つの章を取り上げてみたい。それぞれの章から主な「見出し」を追いながら，要点を押さえていくことにしよう。

　では第1章「なぜ社会保障は重要か」から。この章は第1節で「社会保障の誕生」，第2節で「社会保障の発展」を簡潔にまとめたうえで，第3節で「社会保障の『見直し』と再認識」，第4節で「日本の社会保障はどうだったのか」と展開する。以下に順に見出しを追いながらまとめてみる。

・現在に通じる社会保障制度は，資本主義社会の形成，工業化に伴う
　人々の労働者化による血縁や地縁の機能の希薄化などにより必要とさ

れるようになった。

・社会保障は，個人の生活上のリスクに社会的に対応する仕組みとして求められるようになり，資本主義社会と国民国家の発展を支えていった。

・世界恐慌から第二次世界大戦までの間に，戦後社会保障の構想が練られ，戦後，どの先進諸国も福祉国家となっていったが，1970年代はオイルショック後の経済成長の鈍化等により，社会保障・福祉国家批判が大きな潮流になった。

・1980年代は新自由主義的な政策が採用され，社会保障・福祉国家の「見直し」が行われたが，「見直し」がもたらした弊害は大きなものがあり，当初の「見直し」という目的が実際に達成されたかについても，見方は分かれる。

・1990年代以降，社会保障の重要性が再認識され，過去に指摘された問題点に応える努力をしながら，社会保障・福祉国家を再編成する時期に入っている。

・日本の社会保障の形成と発展の流れは，先進諸国とおおむね共通しており，戦後，日本の社会保障は高度経済成長とともに本格的に発展し，福祉国家になったが，経済の低成長化と少子高齢化の急速な進展に直面し，新たなニーズへの対応と持続可能性の確保を求められた。

・戦後の日本型福祉国家の特徴として，社会保障支出の規模は小さく，相対的に高齢者向けのものが多かったが，少子高齢化，雇用基盤の変化など社会保障の「前提」の変化に対応するため，社会保障制度全般にわたる改革が必要である。

　ここで補足を加えながら押さえておくべき要点を簡潔にまとめてみよう。まず「福祉国家」とは「完全雇用（働きたいと思っている人が全て

働ける状態）と社会保障を通じて，資本主義経済の安定を目指す体制」
と理解しておこう。ところが戦後の経済成長を支えてきた福祉国家が経
済成長の鈍化によって「見直し」を迫られるようになった。この見直し
とは，国家はできるだけ経済に介入せず，市場の自由を最優先する「新
自由主義」という考えに基づくものである。社会保障の「改革」とはこ
の新自由主義思想との関係で理解すべきである。

　次に第 3 章「日本の社会保障の仕組み」について。こちらは 5 つの節
から構成されているが，前半の第 1 節「社会保障の目的と機能」と第 2
節「これまでの日本の社会保障の特徴」から同じく主な見出しを抜き出
しながらまとめてみる。

・社会保障の目的は，国民の生活の安定が損なわれた場合に，国民に健
　やかで安心できる生活を保障することである。
・社会保障の機能としては，主として，①人生のリスクに対応し，国民
　生活の安定を実現する「生活安定・向上機能」，②社会全体で，低所
　得者の生活を支える「所得再分配機能」，③経済変動の国民生活への
　影響を緩和し，経済成長を支える「経済安定機能」の 3 つが挙げられ
　る。
・日本の社会保障制度には，国民皆保険制度，企業による雇用保障，子
　育て・介護における家族責任の重視，小規模で高齢世代中心の社会保
　障支出といった特徴があった。
・戦後の日本では，企業による雇用保障が大多数の国民の生活を支えて
　きたとともに，性別役割分業の下，専業主婦を中心とした家族が，子
　育てや介護の中核を担った。
・現役世代の生活保障は企業や家庭がその中核を担ったため，政府の社
　会保障支出は高齢世代を中心に行われ，規模は比較的小さくなってい

る。
・日本型雇用システムの変化などに対応するためには，社会保障の改革
が必要である。

　ここでは社会保障の「目的と機能」という基本を押さえながら，日本
の社会保障の「特徴」を的確に把握するのが重要である。日本は戦後の
かなり早い時期（1961年）に国民の全てが公的医療保険と公的年金に加
入する「国民皆保険・皆年金」体制を制度として確立した。ただし実態
として，日本の社会保障は「企業が特に男性正社員の雇用を保障する」
ことと「家族において女性が育児・介護を担う」ことで，比較的小さな
規模でなおかつ高齢世代に重点を置くようになった。これが日本の社会
保障の基本的な「かたち」であったこと，そしてもはや企業や家族が福
祉国家のかわりを担えなくなってきていることをしっかり押さえておこ
う。特にこの後者の点については，宮本（2021）が，企業や家族の揺ら
ぎから様々な困難が生まれ，これまでの生活保障では対応できない「新
しい社会的リスク」が生まれ，雇用と福祉の制度の狭間に陥る「低所得
不安定雇用層」「ひとり親世帯」「ひきこもり」などの「新しい生活困難
層」が増えつつあることを指摘している。「相対的な安定就労層」と「福
祉受給層」，そしてこの「新しい生活困難層」との間の「社会的分断」
をいかに解消するかが社会政策上の大きな課題となろう。
　さて次に「労働」を考える基本的視点に移ろう。社会保障の見出しの
最後に「日本型雇用システム」という言葉が出てきたが，一般に「年功
賃金（年齢とともにほぼ自動的に賃金が上昇する仕組み）」と「終身雇
用（入社した企業に定年まで転職することなく勤め上げる慣行）」と「企
業別組合（労働組合が産業や職業ごとでなく企業ごとに組織される）」
が「日本的雇用慣行」の「三種の神器」として知られてきた。

　最近ではこれを「メンバーシップ型」と把握する有力な見解（濱口2021）が出てきたので，紹介しておこう。ここで対概念となるのが「ジョブ型」である。企業という組織における「人」と「仕事」（ジョブ）との関係において，仕事の範囲を明確に限定し，その仕事をこなせる能力を持った人を採用するというのが「ジョブ型」であり，欧米諸国の企業はこの形で組織されている。それに対して仕事の範囲を明確に限定せず，まずその企業にふさわしいと思われる人（企業の正統な一員といった意味で「メンバーシップ」と形容される）を採用してから，適当な仕事に就かせるというのが「メンバーシップ型」であり，日本の企業はこの形で組織されている。

　このように理解すると，日本企業に特有の働き方がうまく説明できる。例えば，日本の新卒採用では必ずしも明確な職業能力は要求されずに，ある程度の基礎学力（大学の偏差値が大まかな代理指標となる）を前提に，面接を繰り返しながら「社風」（企業の組織風土）に合った人物を採用していく。採用後も，当該社員の意向もある程度は聞くが，基本的に企業の裁量でどの仕事に就くかが決められ，定期的に異動を繰り返しながら，より責任のある地位に昇進していくことになる。

　またメンバーシップ型は仕事の範囲がそもそも明確でない（無限定）ため，長時間労働に結びつきやすい。ここに企業組織への過剰同調が加わると，過労死・過労自殺といった悲惨な結果に至ることもある。

　さらにメンバーシップ型は「企業の正統な一員」からの距離に応じて正社員と非正社員との間の，および男性労働者と女性労働者との間の労働条件（雇用の安定性，賃金水準など）の格差をもたらすことにもなる。

　時間外労働の上限規制や有給休暇の消化義務，同一労働同一賃金の促進などを目指す，最近のいわゆる「働き方改革関連法」の制定は，こうしたメンバーシップ型雇用システムの負の側面を克服しようとするもの

と見ることができよう。

　なおジョブ型雇用への転換として，成果主義の導入を進めようとする動きがあるが，そもそもジョブ型は仕事の成果と一義的な関係にないのでこれは大きな誤解であることには留意していただきたい。

　メンバーシップ型雇用の見直しは，メンバーシップの中核にあたる男性正社員の働き方のみならず，その周縁にあたる女性労働者，障害者，外国人労働者の働き方にも大きな影響を与えるものである。この点については，濱口（2021）をぜひ読んでいただきたい。

　以上見てきた「企業と家族に依存した福祉国家」と「メンバーシップ型」雇用システムという日本の社会保障と労働の基本的な「かたち」が今どのような問題を抱え，新しい「かたち」を模索しているか，社会政策を考える基本的視点としていただきたい。

●まとめ

　本章では「社会政策を考えるための基本的視点」として，日本社会における主な変容の客観的事実を過去から現在，現在から将来への2つの視点から確認したうえで，日本の社会保障および労働の基本的な「かたち」について「企業と家族に依存した福祉国家」と「メンバーシップ型雇用システム」という2つの特徴づけを行った。

　第2章から第13章の各論では社会政策の国際動向について詳細に語られるが，これらの視点を適宜思い出しながら，社会政策がどのように「人々がいかに幸せな人生を過ごし，そしてその人生を全うすることができるか」という課題に取り組んでいるのか，日本の進むべき道はどうあるべきかを考えていっていただきたい。

参考文献

濱口桂一郎（2021）『ジョブ型雇用社会とは何か——正社員体制の矛盾と転機』岩波書店

厚生労働省（2012）『平成24年版 厚生労働白書——社会保障を考える』

厚生労働省（2020）『令和 2 年版 厚生労働白書——令和時代の社会保障と働き方を考える』

宮本太郎（2021）『貧困・介護・育児の政治——ベーシックアセットの福祉国家へ』朝日新聞出版

鈴木亘（2021）『医療崩壊——真犯人は誰だ』講談社

橘木俊詔（2021）『日本の構造——50の統計データで読む国のかたち』講談社

2 | 福祉多元主義の国際動向

所　道彦

《**目標＆ポイント**》「福祉多元主義」とは，福祉の担い手を公的な制度に限定せず，様々な主体が関わって人々の生活を支えるという考え方である。例えば福祉の担い手として，行政，家族・近隣・友人，民間非営利組織，営利企業などがあり，社会政策はこれらの担い手と連携する形で実施されている。この連携や組み合わせ，役割分担を理解することがそれぞれの国の社会政策を理解するうえで重要である。本章では，社会政策における行政と民間組織との関係を中心に見ていくこととする。

《**キーワード**》　福祉多元主義，NPO，新しい公共，自助・互助・共助・公助

1. 社会政策の歴史と福祉多元主義

　まず，イギリスを例に，福祉多元主義の歴史，特に社会政策と民間非営利組織の関係の歴史を確認しておきたい。社会政策の歴史は貧困問題への対策の歴史でもある。

　イギリスでは，農業社会から工業社会への転換が進む中，都市部に多くの貧困者を抱えるようになった。治安の悪化などが大きな問題となり，エリザベス救貧法（1601年）といった貧困対策が始まった。救貧法が画期的であった点は，税金を使って貧困者への対応を行った点であり，19世紀になると抑圧的な貧困者の管理が強化されるようになった。救貧法の下では，救済を求める貧困者は，「ワークハウス」（救貧院）という施設に収容され，就労を強制されることとなった。換言すれば，救貧法の

特徴は，貧困者の管理と労働力の活用にあったといえる。国家が困窮者
に関わる政策を実施するという点では，日本の生活保護の源流といえる。
一方，「収容して保護する（＋働かせる）」という形態が，国の制度とし
て，全国的に実施された点も特徴である。こういった貧困者の収容施設
が，現代の社会福祉施設の源流と考えることもできる。

　一方，当時の貧困者への支援の担い手としては，民間の慈善事業も重
要である。中世以来，イギリスでは，修道院などを拠点にキリスト教的
な慈善活動が行われていた。生活困窮者の救済活動の主体は，国家など
の公的機関ではなく，民間組織であった点が重要である。19世紀には，
救貧法の下で，国によって貧困者に厳しい処遇が行われていたが，その
一方で，地域の人たちによる民間の慈善活動も盛んに行われていた。例
えば，友愛訪問と呼ばれる活動がある。地域で生活する困窮者を訪問し
て，相談援助を行う活動である。やがて地域レベルで救済の重複や濫救
の問題に対応するために，慈善組織協会（COS）がつくられ，こういっ
た組織を通じて，友愛訪問における対象者への調査や助言などの経験が
共有されていった。また，都市部の貧困地域に住み込み，住民と生活を
共にしながら，教育や生活上の援助を行うセツルメントと呼ばれる活動
が行われるようになった。このような活動が，今日の社会福祉の相談援
助の基本的技術や方法を蓄積することにつながっていく。

　20世紀にかけて社会科学などが発展し，貧困や社会問題の理解が深ま
ると，貧困問題に対して社会的に対応することが求められるようになる。
この当時は，人権の概念が拡大した時期であった。フランス革命の時代
以降，主流だった国家権力からの自由を保障する「自由権」から，国家
に積極的な役割を求める「社会権」の考え方が拡大する。イギリスの
ウェッブ夫妻は，賃金，労働時間，公衆衛生，余暇などについて国民最
低限の基準（ナショナル・ミニマム）を設定し，国がそれを法律などに

よって保障することを主張した。

　社会問題としての貧困の理解が進み，人権の思想が展開されるようになると，抑圧的な貧困対策の見直しが求められるようになる。イギリスでも20世紀初頭に，救貧法の改革のため「救貧法および困窮者救済に関する王立委員会」が設置され，制度の見直しに向けた議論が行われたが，ここでは，生活困窮者の救済活動の担い手と方法が大きな争点となった。先述のナショナル・ミニマム論のウェッブらは，救貧法の廃止を主張し，高齢者，障害者，児童などへのサービスを自治体の委員会に移管すること，労働能力者については，失業を予防するために労働市場の組織化，労働市場の公的組織化のための「職業紹介所」を提案した。一方，COS関係者も，救貧法の抑圧的な処遇には反対するなどウェッブらと共通する考えを示していたが，貧困問題の解決方法としては，民間援助活動の強化・推進を提案した。結局，この委員会の議論が直接，制度改革につながることはなかったが，20世紀には，国が中心となって経済も社会保障も拡大するという考え方が主流となっていく。

　第二次世界大戦中の1942年に，ウィリアム・ベヴァリッジによって戦後の社会保障制度の計画の提案が行われた。「社会保険および関連サービス」，いわゆる「ベヴァリッジ報告」である。ベヴァリッジ報告では「欠乏」「疾病」「無知」「不潔」「怠惰」を社会の巨人悪として捉え，それらに対応するための社会保障制度の構築が提案された。具体的には，ベヴァリッジは「社会保険を中心とした所得保障のシステム」を計画する。失業保険や年金などを整備し，例外的なケースに備えるための公的扶助（社会扶助）を置くことが計画の中核であった。また，この計画には，「完全雇用」「包括的な医療制度」「家族（児童）手当」の3つが前提条件とされていた。子どもの数が多かったり，病気になったりした場合の対応策をつくっておかないと，社会保険だけでは対応できないと考

えられていたからである。また，保険料が払える環境，すなわち，労働者が雇用されている状態（完全雇用）が前提とされ，「完全雇用」の状態は，国の取り組みによって達成できると考えられていた。

2.　福祉国家とボランタリーアクション

　このように救貧法を源流とする社会政策の20世紀的な到達点として「福祉国家」を理解することができる。ところで，ナショナル・ミニマムを保障するためのシステムを提案しつつも，ベヴァリッジ自身は，手厚い福祉を主張していたわけではない。最低限度の生活までは保障するが，それ以上の生活については，自助努力など付加的な取り組みの余地を残していた。福祉国家の下でも，市民の「ボランタリーアクション」が想定されていた点に注意が必要である。

　それでは，福祉国家以前から存続する民間の社会事業はどうなったのか。ベヴァリッジ型の福祉国家の下，介護などのいわゆる「福祉サービス（personal social services）」が登場し，雇用，保健医療，教育，所得保障，住宅に続く，第6の柱となった。しかしながら，イギリスにおいては福祉サービスは，医療のように公営（NHS：National Health Service）の形で実施されたわけではない。サービスの歴史的背景から，民間の社会事業との連携に基づいてサービスを実施することとなった。また，地域における民間の相談援助活動を担ってきたソーシャルワーカーの一部は，公的な資格とともに「公務員化」し，社会政策の実施の最前線を担うこととなった。換言すれば，イギリスの社会政策の福祉サービス部門は，民間サービスの歴史と公的な管理システムが協働することで成立してきた。このイギリスの社会政策の形は日本と共通している点が多い。

　日本も含めて，多くの国では，社会保険や公的扶助などの仕組みを整

備し，ナショナル・ミニマムを保障している。一方，民間組織やボランティアによる自発的な取り組みも継続されることとなった。日本でも，19世紀以降，多くの民間社会事業が各地で展開され，今日に至っている。福祉国家システムの公的セクターと民間セクターの関係は，社会政策を理解するうえで重要なポイントである。

3. 福祉国家の再編と福祉多元主義

　イギリスでは，1970年代になると，福祉国家が拡大する中で福祉サービスが，インフォーマル部門（家族・近隣など），ボランタリー部門（民間非営利組織，NPO など），公的部門，営利部門（企業）など多元的であることを踏まえ，それぞれの長所を活かし，最適な組み合わせを目指すべきであるという考え方（福祉多元主義）が支持を集めるようになった。例えば，イギリスの「ウォルフェンデン報告（Wolfenden Committee Report：The Future of Voluntary Organisations）」（1978年）では，硬直的・官僚的な公的セクターや未組織のインフォーマルセクターの中にあって，非営利組織は，個人のニーズの充足や，援助を求める者とボランティアとの橋渡しなど補完的，先駆的，仲介的な役割を果たすべきと提言している。

　福祉多元主義が支持を得る背景には，行政や公的制度だけでは対応できないような福祉ニーズが地域に存在していることがある。例えば大規模収容施設における画一的なサービス提供（処遇）から，地域生活を前提とするサービス提供モデルへの転換を図るためには，地域における民間組織との連携や地域住民の協力が不可欠である。一方，福祉多元主義は，福祉国家の「市場化」を進め公的福祉の削減を進める原動力にもなりうるものである。

　1980年代になると，いわゆる福祉国家の危機の中で，福祉多元主義と

市場原理主義が連携することによって，福祉国家の再編が行われるようになった。公的セクターによる社会サービスの供給から，民間セクターも含めた多元的な供給主体による福祉ミックスが定着するようになる。

　例えば，イギリスでは，1980年代以降，住宅政策の分野で公営住宅を入居者に売却する政策が推進された。1950年代までは公営住宅が住まいの中心であったが，その後，持ち家や民間の賃貸住宅，ハウジングソサエティと呼ばれる民間組織による住宅など，多様化が進むこととなった。福祉サービスの分野では，コミュニティケア改革が推進された。施設ではなく地域で生活できるようにケアを提供するための制度改革である。「施設収容から地域での普通の暮らしへの転換」として評価されるべき点もあるが，社会政策の背景に，施設サービス中心の給付に伴う社会保障費の拡大を抑止することがあり，地域におけるインフォーマルセクターも含めた多元的なサービス供給システムによる効率化や費用抑制が目指されていたことに留意する必要がある。このコミュニティケア改革に向けた提言をまとめたグリフィス報告（1988年）では，福祉多元主義と市場原理主義の「連携」が理論的基盤となっている。提言では，福祉サービスの提供に関して，公的セクターの役割を見直し，サービスの購入者と提供者を分離するという考え方を打ち出した。地方自治体の役割は直接サービスを提供することではなく，個人のニーズについてのアセスメントに基づいて必要なサービスを営利・非営利を含む多元的な供給主体から購入することであるとした。個人のニーズをアセスメントし，多元的な供給主体からサービスを購入するためのマネジメントを担うシステムとして「ケアマネジメント」が登場した。これらの考え方は，日本の社会政策にも大きな影響を与えることとなった。

　イギリスのコミュニティケア改革で行われた多様なサービスの供給主体を包摂し，擬似的な「市場」を構成すること（準市場）は，住宅政策

で行われた公的な資源の供給主体そのものを民間セクター化する「民営化」とは異なるものである。また，準市場は，完全な市場と異なり，公的な資金が投入され，その財源は国家にコントロールされており，サービスの供給と需要は一定管理されることになる。また，準市場におけるサービス提供者には，営利組織だけでなく，民間非営利組織も含まれている。福祉多元主義が「福祉国家」ではなく，「準市場」で展開されることによって「管理者・購入者」である地方自治体，「サービス提供者」である民間セクター，「サービス利用者」の位置づけや関係性に大きな影響をもたらすことになった。日本のケアシステムもこの流れの中にある。

「準市場」を中心とした再編に加えて，福祉多元主義と社会政策との関係で重要な点は，地域におけるインフォーマルセクター，地域における市民のボランタリーアクションの役割が再認識された点である。市場原理を重視するということは，同時に，個人を重視するということになる。福祉国家成立以前から，住民による互助・助け合いが地域レベルで行われていた。その後福祉制度が整備され多くの国民に共通するニーズについては，公的なシステムで対応することになったが，個別の細かいニーズについては，制度では大きすぎて対応できない。また，地域住民間の関係性をベースに対応した方がより効果的な支援ができることも多い。そこで，市民の自発的な活動や近隣の相互扶助を前提にした社会政策が展開されるようになってきた。日本でも地域での日常生活支援や，災害時などの非日常・緊急時などの対応に，多くのボランティアが参画しており，これらをバックアップするための法整備も進んでいる。

4. 各国における福祉多元主義の動向

(1) イギリス

先に述べた通り，イギリスでは，第二次世界大戦後，公的な福祉制度

が整備された一方で，民間の慈善事業を源流とする様々な民間非営利の組織が社会において大きな役割を果たしてきた。それらの民間非営利組織は，福祉国家システムあるいは社会政策との関係において，公的制度の不備を補ったり，あるいは，先駆的なサービスを提供したり，一般国民への制度の周知，啓発，利用の支援などを行ってきた。また，いわゆる社会的弱者やマイノリティの声を代弁し，行政のサービスの不足や実施上の問題点を鋭く指摘してきたのも民間非営利組織である。特に，民間非営利の全国組織は，かなり大きな影響力を持っており，社会政策を実施するうえで無視できない存在となっている。

　また，地域レベルで見ると，民間非営利組織は，社会サービスの担い手として，地方自治体との契約に基づき住民へのサービスを提供している。

　一方，民間非営利組織のサービス提供者としての役割が大きくなることで，国や地方自治体との関係が変容することを心配する声も大きい。時として緊張感を伴う対等な関係性から，社会サービスの実施に伴う契約や補助金を通じた，いわば「下請け」の関係になることへの危惧である。

　イギリスでは，2010年にキャメロン首相によって「Big Society（ビッグソサエティ：大きな社会）」という考え方が提唱された。市民や地域社会に権限や情報を提供し，自ら社会福祉や生活問題の解決ができるようにすることを目指すとされたものであり，多元主義的アプローチのリメイク版といえる。具体的には，地域の公共施設や交通サービスなどを地域住民の手で担うことなどが含まれている。これは，ボランタリズムの文化を醸成することで，社会的な支出を削減することが目的と捉えることもできる。2010年代の緊縮（austerity）政策では，社会政策の各領域で支出やサービスが削減されたが，その穴埋めや正当化のために非営

利組織や多元主義が活用されたという批判が根強い。

　もう一つ重要なのは,「社会的つながり」をめぐる動向である。近年は,「ソーシャルキャピタル（social capital）」という概念が注目されるようになっている。ソーシャルキャピタルとは,その人の持つ他者とのつながりや関係性,ネットワークなどを生活上の重要な要素として評価する概念であって,社会関係資本とも訳される。例えば,経済的な資産があったとしても,他者とのつながりがなければ,「孤独」「孤立」となり,生活が困難になることもある。「つながり」の構築において,近隣住民やボランティアなど多元主義的なアプローチが重要となる。これはもともとアメリカ発の概念であるが,イギリスでも「つながり」へ関心が高まり,社会政策にも影響を与えるようになった。2018年当時のメイ首相の下で「孤独担当大臣」が置かれたことが日本でも話題となった。

（2）日本

　日本でも福祉多元主義を前面に掲げた福祉改革が進行中である。1990年代末の介護保険制度の導入は,準市場の考え方を用いたものであり,2000年には,イギリスで実施された改革をモデルに,日本でも社会福祉基礎構造改革が行われた。他の社会政策の分野でも,管理者・購入者としての行政が,非営利組織を含む多様なサービス供給主体から市民にサービスを購入する考え方が定着している。地方自治体の事業については,外部委託（アウトソーシング）が増加し,それに伴って,「契約」の作業が増えている。

　一方,外部委託化という意味では,「地域」も「委託先」になっている点に注意が必要である。地域福祉が主流化する中,高齢者福祉の分野では,「住み慣れた地域で」という考え方が,理念的には支持されているが,「地域での暮らしを支えること」が「地域の人たち（だけ）で支

えること」へと転化するリスクについて注意が必要であろう。行政の外部委託化の流れの中で，地域への「丸投げ」が正当化されないか注意する必要がある。

　また近年の新たな多元主義の表現として，「新しい公共」や「自助」「互助」「共助」「公助」（の組み合わせ）といったフレーズが展開されている。これは，特に地域包括ケアシステムの考え方とともに広まってきた。「地域包括ケアシステム」とは，可能な限り住み慣れた地域で生活を継続することができるような医療，保健，福祉，住まいを含んだ包括的な支援・サービス提供体制のことと表現されている。その出発点となった「地域包括ケア研究会の報告書」（2013年）では，「自助」として，「自分のことを自分でする」「自らの健康管理（セルフケア）」「市場サービスの購入」といった例が並ぶ。また，「互助」として，「ボランティア活動」「住民組織の活動」「当事者団体による取組」「高齢者によるボランティア・生きがい就労」「ボランティア・住民組織の活動への公的支援」が，「共助」として，「介護保険に代表される社会保険制度及びサービス」が，そして「公助」として，「生活保護」が挙げられている。

　報告書ではこれらを踏まえて，将来的な展望として，都市部では，強い「互助」を期待することが難しい一方，民間サービス市場が大きく「自助」によるサービス購入が可能であるのに対し，都市部以外の地域は，民間市場が限定的だが「互助」の役割が大きいとする。また，少子高齢化や財政状況から，「共助」「公助」の大幅な拡充を期待することは難しく，「自助」「互助」の果たす役割が大きくなることを意識した取り組みが必要と提言している。

　実際，高齢化の進行や単身高齢者の増加などに伴い，いわゆる「孤立死」などの問題が発生する。個々人の生活について，巨大な社会保障制度でカバーすることは難しく，個人レベル，地域レベルでの取り組みや

「社会関係資本・つながりづくり」が重要とされる。地域包括ケアシステムでも「互助」が強調されている。例えば，各省庁は共同で，認知症対策として認知症施策推進総合戦略（新オレンジプラン）を策定した（2015年）。認知症対策として様々な施策が展開されてはいるが，地域の見守り体制の構築や認知症サポーターの養成など地域社会での取り組みに依存している部分が大きい。社会政策の中でも「つながり」「互助」をどう取り扱うべきか，これらが機能するのか検証が必要となっている。

5. 福祉多元主義の行方

福祉多元主義自体が，「机上の空論」に過ぎないのか，それとも「実態を伴っているもの」かという点は長年にわたっての論点であった。しかし，現実として，地域レベルでは，住民による互助やケアの提供が行われており，成功事例や実践の紹介がされることも多い。また，社会政策の研究者たちが，こういった多元主義について十分な評価や分析をしてこなかった点を批判する声もある。現代の社会政策の動向を把握する上で，民間非営利組織などを含めた多元主義的な視点は不可欠になっているといえる。次の4点に注意することが必要といえる。

（1）背景としての社会支出の削減

国際的に見て共通の背景として，これらの多元主義的アプローチが，社会支出の削減という理由から推進されている点が挙げられる。公的制度以外の主体が社会政策の実施に参画することのメリットは大きく，それは正当に評価されるべきものであるが，社会支出を削減するためのアリバイづくりに利用される可能性もあることに注意が必要だろう。民間非営利組織やボランティアを称賛しながら陰で予算が削減されていくよ

うな事態は，長期的には大きな問題となる。俯瞰的な視点が必要といえよう。

（2）組織間関係の変容

　多元的な福祉サービスの供給システムでは，行政には，福祉サービスの消費者が，社会サービスを利用できる仕組みを整備したうえで，各プロバイダー間の競争を促進し，サービスの質を高めてコストを削減することが求められている。この構造が，行政と民間非営利組織との関係，また，民間非営利組織間の関係に与える影響に着目しなければならない。行政が発注する事業や補助金をめぐって，両者の関係が，対等なパートナーによる協働から主従関係的なものへと変容していくこともある。また，補助金獲得をめぐって民間組織同士が競争することで民間非営利組織の関係を分断することもありうる。

（3）地域格差

　また，こういった多元主義は，地域で生活する高齢者などの個別のニーズを充足するためのアプローチとしては理解できるが，同時に，個別性ゆえの「格差」が生じることにも注意が必要だろう。例えば，ある地域で機能している多元主義的なシステムが，他の地域で実践可能とは限らない。自分の住んでいる地域におけるインフォーマルやボランタリーな資源の利用可能性が異なるとしても，それは，「あなたが住んでいる地域にはないからしょうがない」ということでよいのか。全ての国民に対して健康で文化的な最低限度の生活を保障することが，社会政策の基本的な役割であることを考えると，是認できる「格差」の程度について議論が必要だろう。

（4）主体的参加

　民間非営利組織にしても，地域住民による相互扶助にしても，それが社会政策の都合による強制や「動員」であってはならないことはいうまでもない。民間非営利組織や地域住民の活動についてポジティブな面が強調されているが，ネガティブ面についても確認しておくことが重要であろう。例えば，日本において地域コミュニティは，必ずしも理想的な生活環境であったとは限らない。日本でも近隣トラブルといった言葉があるように，近隣に任せればうまくいくような言説を鵜呑みにすることには慎重であるべきだろう。いわゆるコロナ禍で，「自粛警察」「マスク警察」といった社会現象が問題となった。地域コミュニティが持つダークサイドについて再認識するべきタイミングといえよう。

●おわりに

　社会政策が担う国民一人一人の生存権保障のシステムの基盤の上に，地域住民の助け合いや民間非営利組織の自発的な活動をどのように上乗せしていくかが重要な課題となっている。もともと福祉国家が登場したのは，家族や地域だけでは，福祉問題に対応できなかったことが最大の理由であった。自助や互助では対応できない社会問題に対応するために，壮大な相互扶助・再分配のシステムである福祉国家が登場したのである。こういった多元的な福祉の担い手の歴史を踏まえ，財政問題と切り離してベストなミックスの議論が求められる。

参考文献

地域包括ケア研究会（2013）地域包括ケアシステムの5つの構成要素と「自助・互助・共助・公助」『持続可能な介護保険制度及び地域包括ケアシステムのあり方

に関する調査研究事業報告書―概要版』https://www.mhlw.go.jp/seisakunitsuite/
bunya/hukushi_kaigo/kaigo_koureisha/chiiki-houkatsu/dl/link1-3.pdf（確認日
2022.10.25）

Crossley, S.（2020）Everywhere and nowhere: interventions and services under
austerity, *Social Policy Review 32 : Analysis and Debate in Social Policy 2020*,
Policy Press, pp. 271-290

Fenger, M. and Broekema, B.（2019）From welfare state to participation society:
austerity, ideology, or rhetoric? *Social Policy Review 31: Analysis and debate in
social policy 2019*, Policy Press, pp. 101-124

平岡公一（2003）『イギリスの社会福祉と政策研究――イギリスモデルの持続と変化』
ミネルヴァ書房

平岡公一・杉野昭博・所道彦・鎮目真人（2011）『社会福祉学』有斐閣

Macmillan, R. and Kendall, J.（2019）The moving frontier and beyond: the third
sector and social policy. *Social Policy Review 31: Analysis and debate in Social
policy 2019*, Policy Press, pp. 177-196

中村優一・一番ヶ瀬康子・右田紀久恵監修，岡本民夫・田端光美・濱野一郎・古川
孝順・宮田和明編（2007）『エンサイクロペディア社会福祉学』中央法規出版

シドニー＆ベアトリス・ウェッブ，高野岩三郎監訳（1990）『産業民主制論』法政
大学出版局

3 | 家族・児童に対する 社会政策の国際動向

所 道彦

《目標＆ポイント》　労働市場の変化や家族の多様化などを背景に，子どものウェルビーイングの確保や子育て世帯への支援は各国共通の政策課題となっている。日本でも，2000年代以降，イギリスの子どもの貧困対策やフランスの家族手当などに関心を向けてきた。所得保障制度を中心に子育て世帯に対する各国の社会政策の動向を概観する。
《キーワード》　子ども家庭福祉，少子化対策，子どもの貧困

1. 福祉国家と家族政策

　社会政策の基本的な構造として，「国家」「市場」「家族」がある。福祉国家は，これらの3つのバランスのうちに成り立っている。20世紀以降，国家が社会政策を通じて，人々の生活に深く関わるようになっているが，国が，個人の労働・自助努力や家族による扶養を代替したわけではない。

　労働を中心とする伝統的な社会政策の研究に対しては，「家族」の役割について十分な検討が行われていないという批判があった。働けなくなった者，労働市場から排除されている者，生活に困窮している者などを支えているのは，国とは限らず，家族が支えているというケースもありうる。特に，労働問題や経済政策だけでは，育児や介護の現状について十分に可視化できるわけではない。そこで，多くの研究者たちが，「脱

家族化」という概念について議論するようになった。「家族に頼らなくても生活を維持できる度合い」ということになる。社会政策が，どのように子どもや家族を支えているかが問われている。

　ところで，西欧において，福祉国家や社会政策の議論の中で，「家族」が取り上げられるとき，それは，子どもや次世代育成の領域に関連することが多い。なお，「子ども」と「親」は，別個の人格を持つ者である。それぞれ別のニーズや生活課題が存在し，一体的に取り扱うことには問題もあるが，本章では，子育て世帯に対する社会政策として国際的な動向を探っていくこととしたい。

2. 家族・児童に関する社会政策の目的

　家族・子育てに関する社会政策の国際動向を検討する際に，その目的についても整理しておくことが有益である。政策の目的は多様であり，次世代の健全育成，子育て世帯の貧困の予防，少子化対策，家族の規範の維持などが含まれる。

　例えば，深刻な少子化問題に悩む国では，子どもを産み育てる環境の整備が重要な課題として認識されている。一方，子どもの貧困問題を重視する国では，貧困の連鎖を断つための社会政策が展開される。また，社会政策の目的が，子どものウェルビーイングのためのものか，それとも社会経済のためのものかも重要な点である。

　なお，国家と家族との関係を論じる場合には慎重な姿勢が求められる。一歩間違えば，「産めよ増やせよ」といった国家のための出産・子育てといった政策となり，人権を無視した介入につながりかねないからである。一方，家族を「私的領域・治外法権」のユニットとし，国や社会からの介入を一切行わないアプローチにも問題がある。児童虐待やドメスティック・バイオレンス（DV）などの問題は深刻であり，子育ては家

族に任せておけばよいということではない。児童虐待のケースなど，子どもの養育上深刻な問題がある場合には，親子の分離や児童の一時保護，あるいは社会的養護の仕組みが適用されることもある。

　伝統的に私的領域としての家族とその自律性を重視してきた国でも，近年は，複雑化する家族や親に対する支援が必要と認識されている。もちろん，これらの社会政策の実施には，子どもと親のもつ理想や価値と社会的規範，政府との対立も想定される。家族に介入するためには，専門職の配置や法律の整備が必要となる。

　近年は「子どもの権利」が重視されている。国際的には，「児童の権利に関する条約」が1989年に国連総会で採択されており，日本でも1994年に批准されている。子どもの権利として，教育，医療，社会保障などについての権利などを含め「子どもの最善の利益」を保障することが求められている。また，北欧のオンブズマン制度，イギリスの児童コミッショナーなど子どもの権利擁護のための制度が導入されている国もある。

　なお，児童のウェルビーイングが損なわれたり，権利が侵害されるような扱いが行われたりする状況を示す包括的な言葉として，国際機関などでは「child maltreatment」という言葉が使われることがある。家庭内での身体的・心理的虐待やネグレクトだけでなく，家族の介護を子どもが行うようなヤングケアラーの問題などへの社会的対応が必要となっている。子どもの健康，生存，発達，尊厳を脅かす行為は，学校や他者によって行われることもあり，いじめの問題や子どもの安全確保も社会政策の課題である。家庭内で起きる問題だけを切り離して議論しないことが重要である。

3. 子育て支援策・家族政策の具体的な手段

　次に，社会政策における「子育て支援策」あるいは家族政策の具体的な領域と手段について整理しておこう。現代社会において，出産や子育てについて様々な社会的サポートが提供されている。

　第1に，子育て中の家族に対する経済的支援がある。出産や育児は家族に対して経済的に追加的な費用を生じさせる。かねてから，子どもを持つことで貧困に陥るリスクが高まることは社会的に認識されており，20世紀以降，国家が直接的・間接的な経済支援策を実施するようになった。方法としては，家族手当・児童手当という形で実施される「現金給付」と，子育て中の世帯に対して税金の減免を行う「税控除」の2つがある。

　第2に，子どもに対するケアサービスの提供などのサービス給付がある。典型的なものとして保育所のサービスがある。保育サービスについては，子どもに対するケアの提供という側面と，親に対する就労環境の整備という側面の2つがある。日本では，保育サービスについては，主として認可保育所を中心とした直接的なサービス給付が連想されるが，国によっては，民間企業によるサービスを購入する際の経済的な補助（現金給付や保育費用についての税控除）が提供されることもある。この場合，経済的支援策の一部を構成することになる。また，サービス給付としては，子育てに関する相談援助などが含まれる。日本の児童相談所などがこれにあたり，児童虐待などの対応がこれに含まれる。さらに，子どもに対するケアとしては，何らかの事情から家庭での生活が困難な状況にある子どもを入所させて養育する施設ケアもある。また，こういったニーズを持つ子どもに対しては，施設ケアだけでなく，里親などによるケアも選択肢として展開している。

第3に，現金やサービスといった「給付」ではなく，「規制」を通じた社会政策も存在する。子どもの分野の社会政策の起源の一つは，19世紀の工場法における「児童労働の制限・禁止」であった。すなわち，法律を通じて子どもの保護や健全育成が行われてきたのである。現代社会においても，各国において家族に関する法政策が実施されている。日本の場合は，民法において，結婚，離婚，扶養，養育，相続などについての規定があり，法律を通じて家族の形や関係性についての介入や規制が行われている。

第4に，労働と家庭との接点において社会政策が実施されている。子育て中の親に対する労働環境の整備や労働時間の設定，育児休業などのワークライフバランス施策がこれにあたる。親が子育てを行うために十分な環境を整えることも社会政策の重要な役割となっている。

4. 少子化の国際動向

2019年の合計特殊出生率は，日本が1.36，アメリカ1.71，フランス1.84，ドイツ1.54，イタリア1.27，スウェーデン1.7，イギリス1.65となっている。フランス，アメリカ，スウェーデンなどの比較的高い国と，ドイツ，日本，イタリアといった低い国に大別されてきた。ドイツが1990年代半ばの1.2台から近年回復していることは注目すべきである（図3-1）。

少子化対策として家族に対する現金給付に力を入れてきた国もある。例えば，フランスでは，「家族政策」と呼ばれる子育て支援策が展開されてきたが，その背景には少子化が深刻であったという事情があり，現金給付（家族手当）を重視してきた。フランスの家族手当の歴史は古く，1932年に家族手当法が制定され，社会保険の枠組みの中に位置づけられて実施されてきた。

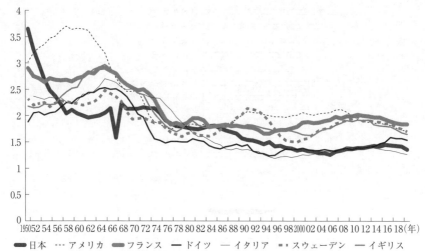

図3-1　合計特殊出生率の動向
（出所）　内閣府『令和3年版 少子化社会対策白書』より作成。

5.　子どもの貧困の国際動向

　OECD のデータによれば，2018年の日本の子どもの貧困率は，イギリスとほぼ同じである。OECD の平均よりも高く，フィンランドなど北欧諸国と比較すると，その差は歴然である（図3-2）。この子どもの貧困率とは，それぞれの国の相対的貧困状態（等価可処分所得の中央値の50％未満）で生活する18歳未満の子どもの割合をいう。

　イギリスでは，早くから子どもの貧困問題に取り組んできた。子育て世帯に対する現金給付は，1942年の「ベヴァリッジ報告」の中で医療制度などと並ぶ福祉国家の前提条件として位置づけられ，1960年代，1970年代の「貧困の再発見」と呼ばれた時期を経て，現在は，児童手当（Child Benefit）として実施されている。イギリスの児童手当は，長年

48

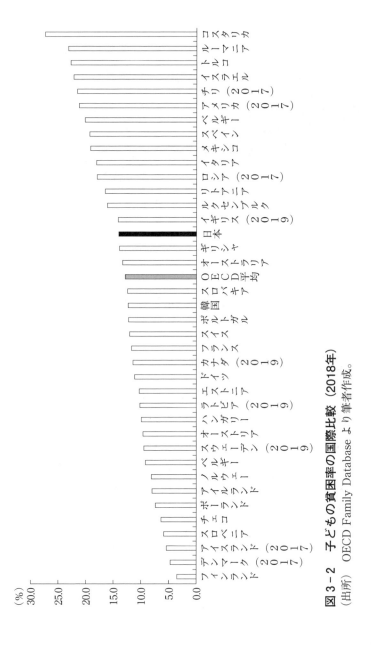

図3-2 子どもの貧困率の国際比較 (2018年)
(出所) OECD Family Database より筆者作成。

にわたり，親の所得にかかわらず全員に一律給付される「普遍主義的手当」として実施されてきた。緊縮財政政策が進められる中，2013年からは高額所得者には手当の受給分についての課税の強化が行われている。また，児童手当とは別に，低所得者に限定した選別主義的手当もあり，複数の現金給付を組み合わせて，経済的支援を行っている。

　さらに1990年代後半からは，「就労」を通じた貧困対策が推進されるようになった。貧困に陥る子育て世帯には，ひとり親世帯，特に母子世帯が多く含まれる。母子世帯が貧困に陥りやすい理由として，労働市場と家族をめぐる構造的問題がある。「男性が働き女性が家事・育児・介護を行う」という家族モデル（「男性稼ぎ主モデル」）を前提に社会制度が構築されているような国では，女性が結婚・出産後も継続して就労したり，労働市場に復帰したりすることが困難となりやすく，また，十分な量の保育サービスが用意されていないことが多い。特に，女性が働きながらひとりで子育てもしなければならない母子世帯の状況は厳しくなる。

　また，1990年代後半からは，「社会的投資国家」という言説を展開し，次世代育成の観点から「子どもの貧困対策」に取り組んできた。社会，国家，市場との関係性において児童問題を位置づける面もある。イギリスでは，離婚などの家族の多様化の中で急増した母子世帯が，そのまま経済的な困窮に陥り，子どもの貧困問題が深刻化する最大の要因となっていた。就労できない母子世帯は，社会保障制度に依存せざるをえず，その結果社会支出が増大することとなる。そこで，1997年に登場したブレア政権では，保育サービスの拡大や保育費用の補助など就労しやすい環境を整えることで，就労へのインセンティブを高め，貧困からの脱却を進めようとしたのである。加えて，2010年に子どもの貧困対策法（Child Poverty Act）が制定され，子どもの貧困の撲滅が政策目標として掲げられた。先に述べた経済的支援策や就労を通じた貧困対策が行わ

れ，子どもの貧困率は改善の傾向を示した。このイギリスの展開は，日本の子どもの貧困対策にも大きな影響を与えた。

　しかしながら，2010年以降，緊縮財政を掲げた連立政権・保守党政権の下で，給付の削減が行われるなど対策は後退し子どもの貧困率も上昇傾向にある（図3-3）。イギリスで最も有名な子どもの貧困に取り組む民間組織（Child Poverty Action Group：CPAG）は政府の統計を引用しつつ，2020年，イギリスでは，390万人の子どもが貧困であること，エスニックマイノリティの子どもの46%が貧困であること，貧困世帯の子どもの75%は就労世帯であること，すなわち就労だけでは貧困から脱却できないこと，そして，児童手当を週10ポンド増額すれば，45万人の子どもが貧困から脱却できることなどを指摘し，キャンペーンを行っている。

　日本でも，子どもの貧困問題も社会政策の大きな課題となっている。子どもの貧困対策の推進に関する法律（2013年），子供の貧困対策に関

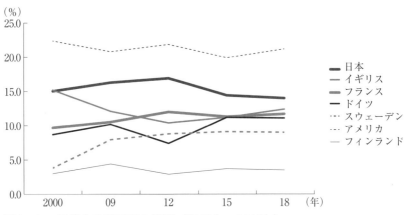

図3-3　子どもの貧困率の推移（2000年～2018年）
（注）　アメリカは2017年のデータ。
（出所）　OECD Family Database より筆者作成。

する大綱（2014年）が策定され，2019年に改定された。子どもの貧困率は，2015年には13.9%，2018年は13.5%となっており，改善の兆しはあるが，依然として7人に1人の子どもが相対的貧困の状態にある。

6. 児童保護・児童虐待への対応の国際動向

イギリスは，早くから社会政策を通じて，児童の保護に取り組んできた国の一つである。19世紀の工場法などによって，児童労働の禁止などが打ち出され，児童虐待の防止や少年犯罪に対する司法の仕組みなどを規定した児童法が1908年に制定されている。1940年代以降の福祉国家システムの整備の中で，児童に対するケア関係は地方自治体の社会サービス部が担当している。

イギリスにおいても児童虐待の問題は深刻で，しばしばショッキングな事件が発生し，そのたびに調査が行われ，連携や情報共有などの課題を指摘した報告書がまとめられてきた。2010年にまとめられた「マンロー報告（Munro Review）」では，これまでの改革を批判的に検証している。特定の死亡事例に影響された改革によって専門職が「手続き」や「規定」を重視するようになり，子どもと関わる時間が足りず，ソーシャルワーカーなどの専門職が権限を行使できない状況に置かれていることを指摘し，現場でより専門性が発揮できるような環境整備のための投資と，虐待について予防を重視したアプローチへの転換などを提言している。

日本でも児童虐待の問題は深刻であり，痛ましい事件が発生するたびにメディアによる報道が行われ社会的関心も高い。法改正などによる児童虐待防止対策の強化が進められている。2019年の法改正では，児童相談所や一時保護所などの拡充に加えて，関係機関の適切な引き継ぎによる切れ目のない支援や，虐待した保護者への支援プログラムなどが盛り込まれた。

7. ワークライフバランスに関する社会政策の動向

　子育て支援策で重要となるのが，仕事と子育ての両立支援である。この領域については，スウェーデンやドイツの社会政策の動向が注目されている。特に，父親の育児休業取得を促進するための仕組みとして「パパクォータ」制度がある。これは，育児休業期間のうちの一定の期間を父親に割り当てる制度である。

　スウェーデンの場合は，両親に休業が240日ずつ割り当てられるが，譲渡が可能である。しかし，そのうち90日分は父親が取得しなければならない。ドイツの育児休業手当のうち基礎手当は12か月支給されるが，両親がそれぞれ2か月以上取得することにより，さらに2か月分追加され14か月分支給される。このような形で父親の育児休業取得のインセンティブを高める制度が進められている。このほか，ドイツでは労働時間を調整し，残業時間を「時間口座」に「貯蓄」したり，介護や育児，地域活動のために用いたりできるような社会政策の取り組みが行われている（中里 2021，片田 孫 2021）。

　日本でも同様の仕組みとして，2010年から「パパ・ママ育休プラス」制度が導入されている。これは，両親がともに育児休業をする場合に，育児休業の対象となる子の年齢が，1歳2か月に延長される制度である。また，子の出生後，父親が8週間以内に育児休業を取得した場合には，再度育児休業が取得できる「パパ休暇」制度も設けられた。さらに，2021年に，育児・介護休業法が改正され，「パパ休暇」に代わる「産後パパ育休制度（出生時育児休業制度）」が創設され，2022年10月から実施されている。

　2021年に発表されたユニセフによる子育て支援策に関する報告書によれば，育児休業の給付額の水準において日本が先進国の中でトップと

なったが，現実には，育児休業を取得する父親は国際的に見ても非常に少ない。

8.　日本の位置

　社会支出の総額を対GDP比で見た場合，日本は，22.85％（2019年度）となっている。2017年度は22.36％であり，フランスの32.21％，ドイツの27.64％，スウェーデンの26.44％，と比較して低い。イギリスは21.36％であり，総額では日本の方が高いが，OECDの政策分野別社会支出のうち，児童手当など家族を支援するために支出される現金給付や現物給付を含めた「家族」分野への支出は，日本は1.56％，イギリスは3.24％の支出となっている。日本は2019年にGDPの1.73％を家族・子育ての分野に支出している。これは，2017年の1.56％と比較すると増加してはいるが，その差は大きい。また，社会支出全体の内訳を見ると，日本の社会支出が，高齢分野を中心に行われていることが分かる（図3-4）。

　この1990年代以降，日本の子ども・家族に対する社会政策の背景には少子化問題がある。いわゆる1.57ショック以降，エンゼルプランなど保育サービスの拡充政策が進められてきた。その後，少子化社会対策基本法（2003年），次世代育成支援対策推進法（2003年）など，働き方の改革と両立支援も大きな柱となった。先に述べた通り，育児休業制度の改革も進んでいる。また，長年，他の先進国と比べて見劣りがした児童手当などの現金給付も少子化対策の中で，少しずつ水準が引き上げられてはいる。しかしながら，少子化には歯止めがかかっていない。また，働く親が増加する一方で，保育所の不足も大きな社会問題となっている。

　また，子どもの貧困の状況は深刻であるが，その対応策は，地域における民間の取り組みである「学習支援」や「子ども食堂」などに限られている。経済的支援を伴わない子どもの貧困対策には限界があるといえ

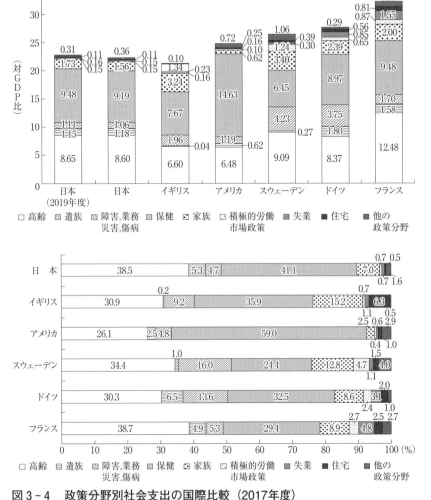

図3-4　政策分野別社会支出の国際比較（2017年度）

（出所）　国立社会保障・人口問題研究所（2021）「社会保障費用統計（令和元年度）」より引用。

よう。

　児童虐待への対応についてイギリスも日本も同じような課題を抱えている。個別の支援にあたる者の専門性の確保や支援する側の体制・ガバナンスの課題がある。虐待が発生するケースでは，生活が経済的に困窮していることが多い。児童虐待には，身体的・精神的な虐待だけでなく，ネグレクトなども含まれる。親が長時間労働になれば，子どもと関わる時間が減る。虐待発生時の事後的な対応の失敗に関心が集中する傾向にあるが，生活環境や経済状況も踏まえて，「親への支援」や「予防」の意味を論じることが重要である。親も含めた生活全体の支援が求められている。

9. まとめ

　日本では2023年4月に内閣府の子ども・子育て本部と厚生労働省の子ども家庭局を統合して，新たな組織「こども家庭庁」を創設する計画が進められている。少子化対策，子どもの貧困対策，児童手当，保育，虐待防止，母子保健などがこの新たな組織の管轄になる予定である。

　日本では，「子育ては家族の責任」という考え方が強く，社会政策においても，子どもと親とが一体化して議論されることが多かった。しかし，子ども自身が一つの人格を持ち，成長していくプロセスの途上にあることに留意する必要がある。親の意向や世帯の経済状況で子どもの将来が左右されてはならない。子どもを中心とした社会政策を進めていくことは難しい側面もある。子どものニーズや「思い」を引き出すことも難しい。しかしながら，子どもについて「親が子どものことを一番よく理解している」とする前提には留保が必要となっている。また，家族自体の形や家族に関する価値観の多様化も進行している。いろいろな家族の中で子どもたちは育つことになる。どのような家族の形であっても，子どものウェルビーイングが保障される環境を整備することが社会政策

には求められている。

　もちろん，親の生活状況を改善しなければならないことも事実である。ただし，親の所得を増やすことが自動的に子どもの生活環境や将来の可能性を高めるわけではないことに注意が必要であろう。保育所を拡充するとしても，親に長時間労働を強いる形で所得を増やすような政策には弊害も大きい。所得，時間，空間，親子関係といった子どもを取り巻く生活の要素全体の質の確保が社会政策の課題といえる。

参考文献

Alcock, P and May, M (2014) *Social Policy in Britain*, Palgrave

CPAG (2022) CHILD POVERTY FACTS AND FIGURES, https://cpag.org.uk/child-poverty/child-poverty-facts-and-figures（確認日　2022.10.25）

Department for Education (2011) The Munro Review of Child Protection: Final Report—A child-centred system, Cm8062

Hill, M. (2003) Issues in Social Policy : Children, Alcock, P et al. (eds.) *The Student's Companion to Social Policy*, 2nd edn. Blackwell

片田　孫　朝日「時間政策と時間主権——生活のゆとりと自由のために」落合恵美子編著『どうする日本の家族政策』ミネルヴァ書房，pp.225-239

中里英樹 (2021)「育児休業——男性の取得を促す制度の国際比較を中心に」落合恵美子編著『どうする日本の家族政策』ミネルヴァ書房，pp.208-224

落合恵美子編著 (2021)『どうする日本の家族政策』ミネルヴァ書房

Rees, G. (2016) Child maltreatment, Bradshaw, J. (ed.) *The Well-Being of Children in the UK*, Policy Press

所道彦 (2017)「子どもの貧困に社会的に取り組む——イギリスから学ぶ日本の課題」『教育と医学』No.765，pp.52-59

所道彦 (2012)『福祉国家と家族政策——イギリスの子育て支援策の展開』法律文化社

Unicef (2021) Where do rich countries stand on childcare?, https://www.unicef-irc.org/publications/1203-where-do-rich-countries-stand-on-childcare.html（確認日　2022.10.25）

4 | 高齢者に対する社会政策の国際動向

所　道彦

《**目標&ポイント**》　高齢期の生活保障システムをどう設計・再構築するかは高齢化が進行する各国共通の課題である。平均寿命の伸長などにより，「高齢者」「高齢期」の概念自体が揺らいでいる。年金など所得保障制度の改革と高齢者に対する雇用政策に焦点を当て，高齢者に関する社会政策の動向を概観する。

《**キーワード**》　年金，高齢者の就労，介護，医療

1.　福祉国家と高齢者政策

（1）社会政策と高齢者

　社会政策において高齢者福祉が主要な課題として認識されるようになったのは比較的新しい。その理由の一つには，平均寿命が現在よりも短く，社会における「高齢者」の数が少なかったことがある。また，「家族」が高齢者の生活を支えてきたことも社会政策の主要な課題から外れてきた理由と考えられる。伝統的な社会政策の理解においては，失業や貧困問題が主として「現役世代」の生活問題として重視され，公的な政策課題とされたのに対して，高齢者の生活は，家族の，いわば私的な領域のテーマとされる傾向にあった。20世紀中盤以降，平均寿命が延び，家族の形が変化することによって，全ての先進国において，高齢者の生活保障が重要な社会政策の課題となっている。

　また，社会における「高齢者」の意味も変化していることに注意した

い。例えば，平均寿命が60歳の時代では，50歳はすでに高齢期といえるが，現在ではまだまだ現役世代ということになる。イギリスでは，高齢（者）のことを，かつては，「elderly people」という語で説明してきたが，現在は，「older people」と呼ぶことが多くなってきた。日本では一般に65歳以上を「高齢者」とする場合が多いが，これもいずれ変わることになる。「高齢者」とはあくまで「相対的な」概念であるという前提で，社会政策との関係性を見ていきたい。

（2）高齢期の経済保障

高齢者に対する社会政策とは具体的にはどのような内容のものが含まれるのであろうか。まず，生活保障の中核となるのが経済的な問題への対応である。大多数の者が，働くことによって生活の糧を得る。現代社会において，都市部では，雇用され，賃金を得て，生活資源に交換することで生活している者が多い。自らの労働力を企業に「売る」ことによって賃金を得ることになるが，高齢期になるとその価値が低くなり，十分なお金が得られなくなるような状況になる。「引退」「隠居」「定年」という形で労働市場から退出せざるをえなくなった高齢者の生活基盤は脆弱となる。高齢期の社会政策の主要な課題は，高齢者の生活の経済面をどう支えるかという点である。

高齢者に対する社会政策は大きく2つある。一つは所得保障制度であり，高齢者に対する最も重要な所得保障制度として「年金」がある。年金制度の歴史は古く，19世紀後半にドイツでは，ビスマルクによって社会保険制度の導入が進められ，工場労働者を対象とする健康保険（1883年），労働災害保険（1884年）と並んで，1889年に年金制度（老齢廃疾保険制度）が創設されている。また当初，社会保険制度は，工場労働者を対象にしていたが，20世紀になるとそれ以外にも拡大されること

なった。創設時の年金制度は，現在よりも支給開始年齢が低く，対象者
も限られていた。日本で1942年に労働者年金保険法（1944年に厚生年金
法）が施行された時は，対象は男性労働者，支給開始年齢は55歳であっ
た。

　もう一つの領域としては，高齢者雇用に関する政策がある。先述の通
り，「高齢期」「高齢者」という概念は相対的なものである。身体的にも，
精神的にも十分な能力を有する者を，「年齢」によって労働市場から排
除することは，社会的な損失と考えることもできよう。そこで，高齢者
が継続的に労働市場にとどまり生活に必要な経済的資源を確保できるよ
うな施策が講じられることになる。高齢者雇用に関する社会政策も，多
くの国で主要なテーマとなっている。

　もともと全ての国に「定年」制度が存在するわけではない。定年を設
けること自体が，年齢による差別と考えられている国もある。OECD
の報告書では，高齢期に継続的に就労するインセンティブの欠如，高齢
者の雇用スキルの不足などが高齢者の就業率の低さにつながっているこ
とが指摘されている。一方，高齢者の労働参加率が高いケースの背景に
は，公的年金制度の支給年齢までは，働き続けなければならない実情が
ある場合も考えられる。

（3）高齢期のケア保障

　高齢期になると，身体的な機能が低下し，自力での日常生活に困難が
生じることがある。多くの国では，高齢者に対してケアが必要になった
際には，家族がケアを提供することが一般的であったといえよう。ただ
し，そのケアの提供方法は，その社会の慣習や文化の違いから異なるこ
ともある。

　日本では，「家制度」に基づく制度や規範が近代化のプロセスを通じ

て展開され，三世代同居が多かったという社会的背景から高齢者のケア
については家族が重要な役割を果たしてきた。これは高度経済成長に
よって都市化・核家族化が進行した後も残存し，家族による介護が当然
とされてきた。20世紀末になってからは「介護の社会化」が議論される
ようになったが，それでも，依然として，家族が介護に大きく関わって
いる点に変わりはない。

2. 高齢化の国際動向

　さて，各国の高齢者に関する社会政策を検討する前に，高齢化の動向
を見ておこう（図4 - 1）。日本の高齢化率は，29.1%（2021年）であり，

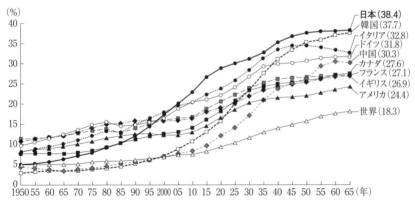

図4 - 1　主要国における高齢者人口の割合の推移（1950年～2065年）

（資料）　日本の値は，2015年までは「国勢調査」，2020年以降は国立社会保障・人
　　　　口問題研究所「日本の将来推計人口」。他国は，*World Population Prospects:*
　　　　The 2017 Revision（United Nations）。

（注）　日本は，各年10月1日現在，他国は，各年7月1日現在。

（出所）　総務省統計局サイト「平成30年度　統計トピックス　No.113　統計からみた
　　　　我が国の高齢者──「敬老の日」にちなんで／5．国際比較でみる高齢者」
　　　　より引用。

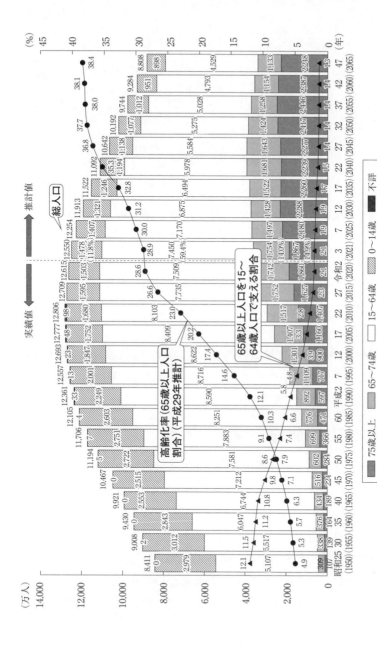

図4-2　高齢化の推移と将来推計

（出所）内閣府『令和4年版　高齢社会白書』より引用。

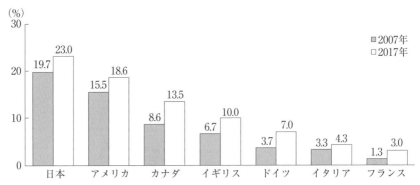

図4-3　主要国における高齢者の就業率の比較（2007年，2017年）
（資料）　日本の値は，「労働力調査」（基本集計），他国は OECD. Stat。
（出所）　経済協力開発機構 2020；総務省統計局 2021より引用。

世界で最も高齢化した社会である。他の主要国の高齢化率は，スウェーデンは20.3％，ドイツは21.7％，イギリスは18.7％，アメリカは16.6％となっている。

　次に高齢者の就業率を見ておきたい。各国で高齢者の就業率が高くなってきたこと，2017年の日本の高齢者の就業率は23.0％と国際的に見て高いことが指摘されている（図4-3）。

3.　イギリスの高齢者政策

　イギリスの年金制度の歴史は，1908年の無拠出制の老齢年金まで遡ることができる。その後，1942年にベヴァリッジによってまとめられた「社会保険および関連サービス」（ベヴァリッジ報告）は，イギリスにおける包括的な社会保障制度の設計案であるが，日本など後発の福祉国家のあり方にも影響を与えた。その基本的な考え方は，社会保険制度を中核とし，これにより老齢や失業などの大部分のニーズに対応するとともに，セーフティネットとしての社会扶助制度（日本の生活保護制度にあ

たる）を用意するというものであった。この計画に基づいて，1948年に均一拠出・均一給付に基づく国民保険制度が導入され，その後，1970年代に所得比例部分を上乗せするシステムが構築された。そして，2016年に，定額部分だけの国家年金に再編され，現在に至っている。

　年金の財政方式は賦課方式で，国家負担はなく，失業給付なども含む国民保険の保険料は25.8％を事業主と本人とで分担し，本人の負担分は，12％が基準となっている。年金（State Pension）の月額は，満額支給の場合，週179.6ポンド（2021年度）となっている。満額支給を受けるためには最低35年の加入が必要である。イギリスの年金支給年齢は徐々に引き上げられており，現在は66歳である。2026年から2028年にかけて67歳に引き上げられ，さらに2039年までに68歳までに引き上げる計画が発表されている。

　イギリスの医療制度は公的医療保険制度を用いて医療保障を行う日本とは異なる。イギリスでは，NHS（National Health Service：国民保健サービス）が，全ての国民に対して包括的な医療サービスを提供している。職域別，年齢別に制度が区分されておらず，単一の制度である。財源は，主として国庫負担でまかなわれており，処方箋などについて一部患者の自己負担があるが，診療サービス自体は無料である。

　国民が医療サービスを受ける際には（救急医療を除く），あらかじめ登録している地域の一般医（General Practitioner：GP，家庭医とも呼ばれる）の診療を受け，そのうえで，検査や入院などさらに高度な医療が必要な場合は，GPからの紹介手続きを経て，より大きな病院でサービス給付を受けることになる。高齢者に対する医療サービスも，このNHSの仕組みを通じて実施される。診療サービスは無料であり，60歳以上の者は，処方箋代の負担も免除される。

　このように，イギリスの高齢者医療制度は，所得の差にかかわらず全

ての人が同じ医療を受けるという，ベヴァリッジ報告以来の福祉国家の
「普遍主義」の原理が色濃く反映されている。診療サービスを受ける際
には無料であるが，税金を財源としており，その財源確保のための税負
担は大きい。日本の消費税にあたる間接税の税率は20％となっている。
また，財政上の問題からサービス量が不足し，手術などを受ける場合に
長い順番待ち（waiting list）が長年にわたって問題となってきた。

　イギリスで福祉サービス（personal social services）に関するシステ
ムが，地方自治体の所管のものとして明確に位置づけられたのは1970年
代のことである。その後も，医療（NHS）と福祉の役割分担をめぐっ
て試行錯誤が続き，1990年代以降は施設ケアからコミュニティケアへの
転換が進められた。その背景には，施設ケア中心による社会的コストの
増大があった。1990年代のコミュニティケア改革では，市場原理に基づ
くサービス提供システムが導入された。利用者個人のニーズに合わせて，
民間の営利・非営利の組織など多様なプロバイダーによる福祉サービス
を組み合わせてケアのパッケージを提供するシステムである。その過程
におけるプロバイダー間の競争によるサービスの質の向上とコストの削
減が期待された。ニーズのアセスメント，ケアプランニング，モニタリ
ング，評価・見直しを行うとともに，サービスの購入の手続きを行う仕
組みとして「ケアマネジメント」が登場した。イギリスの高齢者に対す
るケアの政策動向は，日本の介護保険制度の導入にも大きな影響を与え
てきた。またイギリスにおける介護者に対する支援についても注目され
てきた。1995年に介護者法が制定されるなど，介護者自身のニーズのア
セスメント，支援策，機会均等に加えて，ヤングケアラーなど多様な介
護について議論が行われてきた。

　イギリスは，現在，ケアに関する制度改革の過渡期にある。2021年9
月に，イギリス政府は，「Build Back Better：Our Plan for Health and

Social Care」というタイトルの計画を発表した。コロナ禍の対応で，通常の医療や福祉サービスが実施できない状況となっているが，もともと多くの課題を抱えていたことを指摘し，改革に取り組むと宣言している。特に重視されているのが，医療と福祉の連携と予防ケアであり，そのための国民保険料の引き上げや増税にも踏み込んでいる。

　特に，イギリスの高齢者ケアで長年，問題となってきたのは，そのケア費用の負担のあり方である。NHSにより医療は無料であるが，社会ケアについては，ミーンズテストが適用され，一定の所得や資産（住宅含む）を有している高齢者の場合には，全額自己負担となることも少なくない。2000年以降，自己負担が必要となるラインの設定や一生涯に負担する費用の上限の設定などが大きな論点となってきた。現在，2023年から一生涯で負担する自己負担額の引き下げ，全額自己負担額となるミーンズテストにおける資産上限額の引き上げ，自己負担が免除される資産下限額の引き下げといった改革が進行中である（井上 2022）。

4.　他国の動向

（1）　ドイツの高齢者政策

　ドイツでは，職域別の社会保険を通じた社会保障制度が構築されており，戦前の日本がモデルとしてきた国である。ドイツでは，一定の収入がある被用者や特定の領域の自営業者に対して，公的年金制度への加入義務が課される。受給要件は，5年以上の保険料納付期間があることなどとなっている。通常の老齢年金の支給年齢は，2012年から2029年まで時間をかけて，65歳から67歳へと段階的に引き上げられているが，年金加入の期間が長い者については早期に受給することができることとなっている。財政方式は賦課方式で，給付費の4分の1程度が国庫負担となっている[注]。

　ドイツも日本と同様，賦課方式であるため少子化の影響を強く受けることになる。支給開始年齢の引き上げだけでなく，現役世代の年金保険料の引き上げを抑制したり，賃金上昇率に人口構造を加味することで年金給付水準を引き下げたりする点など年金改革の方向性も，日本と近いといえる。

　ドイツの医療制度は，公的医療保険制度を中核としている。被用者や年金受給者は，地域や企業を単位とする公的医療保険に加入する。日本と異なり，自営業者や一定の所得以上の者などには公的医療保険への加入義務はないが，公的医療保険に加入しない場合は，民間保険に加入しなければならない。公的医療保険は，疾病金庫と呼ばれる保険者によって管理運営されているが，疾病金庫は地区別，企業別など全国で約100の金庫があり，国民は疾病金庫を選んで加入する。主に，財源は保険料である。保険料率は14.6％で，これを事業主と被保険者とで折半する。近年の動向としては，疾病金庫間の競争が進められている点が挙げられる。高齢者はほとんど公的医療保険に加入することになる。入院や薬剤については10％の利用者負担はあるが，外来診療自体は無料となっている。

　ドイツでは，日本に先行して介護保険制度を実施している。ドイツの介護保険は，医療保険の一部であって，独立したものではない点，対象者が高齢者に限定されておらず，全ての年齢層に対して給付を行う点，現金給付も行われる点が日本と異なっている。

（2）スウェーデンの高齢者政策

　「福祉先進国」としてのイメージが定着しているスウェーデンも高齢化が進み社会保障改革が行われている。1990年代に最低保障年金と所得比例年金を組み合わせた公的年金制度改革が行われ，国際的に注目され

ている。所得比例年金では，保険料をあらかじめ固定したうえで給付を行う「概念上の拠出建て」方式が採用されており，その一部を概念上の個人口座に積み立てて運用する所得比例年金が組み込まれている。保険料は17.21％で，事業主が10.21％，本人が7.0％となっている。所得比例年金によって十分な給付を受けられない者に対しては，国庫負担による最低保障年金（保証年金）が支給される^(注)。

スウェーデンの医療制度は，広域自治体（レギオーン）による医療サービスが提供される。地域の医療機関を受診し，必要な場合，より大きな病院で医療サービスを受ける。地域ごとに，外来，入院などについて異なる自己負担額が設定されている。主要な財源は地方税である。85歳以上の高齢者については外来診療の自己負担が免除されている^(注)。

スウェーデンでは，早くから高齢者がサービスを利用しながら地域生活ができるよう制度の整備が進められてきた。1992年にエーデル改革が実施され，高齢者の施設サービスの権限を基礎自治体（コミューン）に移し，医療サービスなどと連携してサービスを実施することとなった。また，「サービスハウス」などのケア付き住宅も建設されている。スウェーデンでは高齢者ケアサービスは，介護保険ではなく，地方税を主体とした公的財源によって実施されている。スウェーデンの医療や介護制度は，税を財源としていることから，サービス供給量が制約されることがある一方，近年，民間の医療機関が増えつつある。

（3）アメリカ

アメリカでは，連邦政府の制度として，老齢・遺族・障害年金（OASDI）による退職老齢年金があり，被用者，公務員，自営業者などが加入する。保険料（社会保障税）は12.4％で労使折半（自営業者は全額負担），財政方式は賦課方式で運用されている。原則として国庫負担

はない。アメリカでも人口構成や平均寿命の伸長などにより，年金制度は厳しい状況に置かれている。

　アメリカの医療制度については，よく知られているように全ての国民を対象とする包括的な公的医療制度が不在で，国民は民間の医療保険に加入することとなっている。ただし，65歳以上の高齢者に対しては，連邦政府による医療保険制度（メディケア）が適用される。メディケアは，入院サービスに関する給付や外来医療に関する給付など，給付の種類ごとに区分されており，保険料や自己負担分を財源とする[注]。

　アメリカの高齢者福祉制度は，自助努力を基本としている。民間の市場から介護サービスを購入することを前提とするシステムであり，サービスの形態も民間の施設サービスが中心となっている。サービスの質や幅は，高齢者本人の経済力に左右されることになる。一方，施設サービスの一部がメディケアの対象となるが，保険でカバーされる範囲には上限が設定されている。このほか，低所得者の場合は，メディケイド（低所得者医療制度）の対象となる。

5. 日本の動向

　周知の通り，日本では急速に高齢化が進んでおり，すでに世界一の超高齢社会となっている。

（1）ケア分野

　高齢者福祉制度の改革は，1990年代から本格的に始まり，ゴールドプランなどによって施設サービスから在宅サービスへのシフトが進み，2000年の公的介護保険制度の導入によって，イギリス同様の準市場的なサービス提供システムが整備された。国際的にも高齢社会に対する一つのモデルとなっている。

　さらに，2010年代以降は「地域包括ケア」が推進されている。生活上の安全・安心・健康を確保するために，医療や介護，福祉サービスを含めた様々な生活支援サービスが日常生活の場（日常生活圏域）で適切に提供できるような地域での体制を構築することが目指されている。

（2）公的年金制度

　日本では，第二次世界大戦後，急速に社会保障制度の整備を進めてきた。1960年代に国民皆保険・皆年金が構築され，全ての国民が何らかの公的年金制度に加入することになった。その後，共通部分としての国民年金（基礎年金）が導入され，第3号被保険者（第2号被保険者の被扶養配偶者）というカテゴリーが設定されるなど，専業主婦モデルを前提とした世帯単位の年金制度と，第1号被保険者という個人単位の年金制度が混在する制度となった。その後，公務員の年金制度が，厚生年金制度に統合されるなどの改革を経て，現在に至っている。

　日本の公的年金制度の財政方式は，実質的にいわゆる賦課方式となっており，少子高齢化の影響を強く受けている。そのため，現役世代の保険料が継続的に引き上げられるため，世代間の公平性の確保が大きな課題となっていた。2004年の年金改革では，保険料の引き上げに上限を設定するとともに，マクロ経済スライドと呼ばれる給付抑制システムが導入された。また，離婚の増加など家族の変化に対応するための離婚時の年金分割の制度の導入，若年者の保険料納付の猶予，非正規雇用の労働者への厚生年金制度の拡大，在職老齢年金の見直しなどが進められている。

（3）高齢者雇用分野

　先にも述べたように，日本の高齢者の就業率は国際的に見ても高い水

準にある。2004年には，高齢者等の雇用安定等に関する法律が改正され，事業主に対して，定年の引き上げ，継続雇用制度の導入，定年の廃止など，高齢者の雇用を確保することが義務づけられた。

また，公的年金制度でも在職老齢年金制度を見直すなど，高齢期の就労インセンティブを高める方向の改革が進められている。

6. 国際動向と日本の課題

高齢者に対する社会政策についての国際動向を確認すると，先進国はいずれも少子高齢化の中で厳しい対応を迫られていることが分かる。雇用，年金，医療，介護の各領域においてそれぞれの取り組みや改革が行われているが，問題を解決するための特別な処方箋は見出せていないのが現状といえる。以下，日本と共通する取り組みや課題について整理しておきたい。

（1）高齢者の位置づけの変化：支えられる側から支える側へ

各国で平均寿命が延伸し，「高齢者」の意味や社会における位置づけも変化している。また，これらを背景に，先進国において，労働市場・就労と社会保障・年金との関係が論点となっている。少子化が進行する国では，年金財政のバランス確保に加えて，社会における労働力確保が社会政策の大きな課題となっている。高齢者の労働市場参加を促進することで，高齢者を「支えられる側」から「支える側」へ転換しようとする考え方がある。

健康で意欲がある高齢者の社会参加を推進すること，あるいは，年齢による差別や偏見を解消していくことは重要といえる。一方，就労か年金かという論点だけでなく，「高齢期の生活の質」や「人生のしまい方」といった点からの社会的議論も必要といえよう。

　さらに，就労や社会参加については，高齢者の家計とあわせて検討する必要がある。健康で文化的な生活を維持できないような状況で就労や社会参加を論じることには問題があり，年金水準の不足を自助努力だけで補うことにも限界があり，長期的に持続可能な方策とはいえない。就労による所得，年金，高齢者の資産の活用などの収入面，医療サービスや介護サービスについての利用者負担や保険料など，家計全体に着目した議論が求められている。

（2）地域包括ケア

　身体機能が低下したフレイルの高齢者や認知症の高齢者に対するケアは各国の課題であり，施設入所ではなく可能な限り地域での生活を継続できるよう各国で取り組みが行われている。国際的な動向として，「地域包括ケア」の考え方が高齢者を支える社会政策のキーワードとなっている。

　日本では，地域包括ケアを推進するために，保健・医療・福祉の連携が強調されており，「住まいの確保」と「生活支援・福祉サービスの一体的提供」を基盤とし，それに上乗せする形での医療，看護，介護，保健，リハビリなどのサービスの整備が目指されており，医療サービス分野でも，地域医療，在宅医療へのシフトが強調されている。

　地域生活の支援という考え方は，スウェーデンでは早くから取り組まれており，イギリスでも1990年代後半以降，予防ケアの改善，患者や利用者の選択の拡大，地域資源の開発などが議論されてきた。高齢者が住み慣れた地域で生活を継続していく場合，介護サービスも医療サービスも不可欠となる。これらをつなげるためのシステム構築において基礎自治体・地方自治体の役割は重要という点で共通している国は多い。

　また，高齢者それぞれの多様な生活ニーズに対応するためには，公的

セクター以外の担い手の役割が重要となる。福祉サービスの供給に関しては，民間のサービス供給主体や民間の非営利組織の役割が大きい。ただし，民間の営利企業が参入することは，福祉サービス自体が商品化されるという意味を持ち，一方，民間非営利・ボランタリーセクターの役割が拡大することは，「市民参加型」の福祉システムへの方向性を示すものである。ただし，こういった連携や協働の実効性や限界については慎重に見極める必要がある。特に認知症の高齢者のケアについては今後の大きな課題といえる。

　超高齢社会である日本と，高齢化や地域社会の状況が異なる欧米各国とを単純に比較することは難しい。社会政策の枠組みの中に，このような「営利的なもの」「市民参加的なもの」をどのように位置づけるのかが各国にとっての課題といえる。

　地域でのケアを推進するうえで，家族ケアと社会的ケアの関係についても社会政策の課題である。多くの国で，家族介護が高齢者を支えてきたが，その役割が女性に集中するなどジェンダーバランスに関する公平性やケアラー自身の生活支援の必要性が議論されてきた。日本でも，共働き世帯の主流化やひとり親世帯の増加など現役世代の状況の変化とともに，介護離職の問題などへの懸念が高まっている。介護保険制度だけでは十分な支援が提供できないのが実情といえる。日本の置かれている状況が国際的に見ても最も厳しく，かつ，他国にモデルがない状況となっている。

（3）財源問題

　少子高齢化の中で社会政策を展開するうえで最大の壁となるのが財源問題である。年金や医療の提供システムの維持について各国とも財源の確保に苦戦している。イギリスの医療では，税金を財源に，利用時に無

料でサービスを提供するシステムが展開されているが，サービスの供給は不足気味で，順番待ちなどの問題が存在する。しかしながら，財源の制約のためにサービスの供給量を増やすことは容易ではない。一方，社会保険を中心とするシステムを構築している日本では，保険料やサービス利用料だけでは保険の財政を確保することができず，国庫負担すなわち税によってその穴埋めを行っている。特に，事実上の賦課方式となっている年金制度を維持するために，日本を含め多くの国では，給付の抑制や年金制度の受給開始年齢の引き上げなどの対策をとっている。また日本の介護保険制度も保険料の引き上げ，対象の拡大，サービス利用料の引き上げが検討されている。

　現時点では，各国とも財政上の課題は共通しているように見えるが，将来の高齢化率については大きな差があることには留意する必要がある。

●まとめ

　高齢化への対応が各国の社会政策の重要課題となっている。その本質は，実際の制度の構築や実施方法，財政問題だけでなく，国民全体の理解をどのように得ていくかという政治的な問題であるという点を忘れてはならないだろう。日本でも「○○人で○人の高齢者を支える」といった現役世代の負担の増大が示されることが多い。高齢者に対する社会政策を展開するためには，現役世代に対する社会政策とのバランスをとる必要がある。一方，人口構成における「支える側」と「支えられる側」という二項対立の構造を過度に強調することはかえって社会政策を推進するうえで問題となる。政治における国民への説明，言説，説得の重要性が増しているといえる。

[注]

厚生労働統計協会編『保険と年金の動向2021/2022』

参考文献

地域包括ケア研究会（2013）「地域包括ケアシステムの構築における今後の検討のための論点」http://www.murc.jp/uploads/2013/04/koukai130423_01.pdf（確認日　2022.8.16）

Department of Health and Social Care（2021）People at the Heart of Care: adult social care reform white paper CP560

Glasby, J and Daly, G（2014）Adult Health and Social Care, Bochel, H., and Daly, G.（eds）*Social Policy*（3rd edition）, Routledge, pp.277-295

平岡公一（2003）『イギリスの社会福祉と政策研究——イギリスモデルの持続と変化』ミネルヴァ書房

HM Government（2021）Building Back Better: Our Plan for Health and Social Care CP506

井上恒男（2022）「ジョンソン保守党政権による英国社会ケア改革の動向：介護費用自己負担にキャップ方式の復活」『週刊社会保障』No.3154

国立社会保障・人口問題研究所（2017）「平成27年度 社会保障費用統計」

厚生労働省（2016）『平成28年版 厚生労働白書——人口高齢化を乗り越える社会モデルを考える』

厚生労働統計協会編（2021）『国民の福祉と介護の動向 2021/2022』厚生労働統計協会

厚生労働統計協会編（2021）『保険と年金の動向 2021/2022』厚生労働統計協会

三富紀敬（2016）『介護者支援政策の国際比較——多様なニーズに対応する支援の実態』ミネルヴァ書房

経済協力開発機構（2020）『高齢社会日本の働き方改革——生涯を通じたより良い働き方に向けて』明石書店

小梛治宣（2018）「ドイツにおける「介護危機」の実態」『週刊社会保障』No.2960, pp.44-49

斎藤弥生（2014）「欧米の福祉政策」社会福祉士養成講座編集委員会編『新・社会

福祉士養成講座 4 ——現代社会と福祉』中央法規，pp.302-329

総務省統計局「平成30年／統計トピックス No.113 統計からみた我が国の高齢者
　——「敬老の日」にちなんで／ 5．国際比較でみる高齢者」https://www.stat.
　go.jp/data/topics/topi1135.html（確認日　2022.10.25）

所道彦（2019）「高齢者と社会保障（日本）」「高齢者と社会保障」埋橋孝文・居神
　浩編著『社会保障の国際動向と日本の課題』放送大学教育振興会，pp.155-186

財務省サイト「諸外国における付加価値税率（標準税率）の推移の国際比較」
　https://www.mof.go.jp/tax_policy/summary/consumption/103.pdf（確認日
　2022.8.16）

5 | 住宅・コミュニティ政策の国際動向

所 道彦

《**目標&ポイント**》「住まい」は，人々の生活の基本である。健康で文化的な最低限度の生活の基盤としての「住まい」の確保は，社会政策の重要なテーマである。また，高齢化の中で，ハード面での個々の住宅の確保だけでなく，都市計画や福祉サービス・コミュニティケアとの連携が重要となっている。住宅を確保するだけでは，地域での生活を継続することはできず，在宅医療，在宅介護，住宅の確保，居住に関する支援も含めた地域における生活上のインフラ整備が必要となる。安心・安全な生活環境の整備のためには，狭い意味での福祉や医療だけでなく，まちづくりの視点が必要とされている。本章では，住宅やコミュニティに関する社会政策の方向性と課題を探る。
《**キーワード**》 住宅政策，都市計画，地域包括ケア

1. 社会政策と住宅政策：構造と展開

（1）社会政策と「住宅」「コミュニティ」

　社会政策は，様々な形で国民生活を支えている。例えば，人々のライフコースと住宅との関わりを「住宅すごろく」として理解する場合，親からの独立，結婚，出産，子育てといったタイミングで住宅に関する新たな生活ニーズが発生する。家族の形の変化，家族が増えることによって，より広い空間が必要となる。しかし，出産や子育てを行っている世代は，必ずしも住宅取得のための十分な経済力を有していないことも多い。そして，経済的資源の不足から，結婚や出産を躊躇することも考えられる。また，失業や高齢など経済的に不安定な場合でも，住まいの確

保が重要となる。こういうケースでは，社会政策を通して支援を行うことが必要になる。さらに，持ち家が取得可能な場合であっても住宅ローンについての減税や低金利の貸し出しなどの対象となる。社会政策の対象は，直接的な「住宅困窮者」だけではない。

　一方，20世紀後半以降，多くの先進国では，働き方や家族の変化，そして高齢化が進行するとともに，「住宅」は「ケア」と関連して，社会政策の大きな課題となっている。例えば，かつての日本のように三世代家族を想定した場合，大家族が生活できる居住空間が確保されれば，その中で子育てから高齢期までの生活が可能であった。しかし，核家族化が進行するなど，社会的な変化によって，こういった同居家族によるケアは現実的ではなくなり，ひとり暮らしの高齢者世帯も増加している。加えて，施設ではなく，住み慣れた地域で生活できるようケアを提供すべきとする考え方が主流となっている。住まいの確保や地域環境の整備はコミュニティケアの前提条件である。このような状況から，社会政策における住宅政策は，住宅だけでなくコミュニティのあり方を視野に入れるようになっている。

（2）住宅政策の手段：現金給付と現物給付

　住宅に関連した社会政策の手段は多様である。「住宅」の供給をどのように行うかが，産業化による都市への人口集中，また，第二次世界大戦後の復興や人口増加の中で各国において重要な課題であった。まず，必要な住宅そのものを現物で支給する方法が考えられる。「公営住宅」あるいは「社会住宅」の建築はその典型である。

　一方，住宅市場が成立し，市場原理の下で個人が住宅を確保することが前提になると，国民に対してそのための費用を補助する方法が考えられる。住宅手当の支給は最も一般的な社会保障制度による支援策である。

民間のプロバイダーも含めて市場で住宅が供給されていることが必要であり，住宅のストックが不在の場合，あるいは数が確保されていても国民の住まいのニーズに適合していない場合，現金給付は意味をなさない。多くの国では，現金給付と現物給付の方法を組み合わせて支援を行っている。

（3）住宅

現代社会においては多様な住宅が存在する。例えば，日本では，所有形態別に「持ち家」「民間賃貸」「公営住宅」「社宅」などに分類されることが多い。「生活空間」としては共通しているが，持ち家の場合には，「資産」保有であり，家の継承と家族・相続の関係が存在することもある。また，社宅は，日本的な企業内福利厚生の一部であり，給与の現物支給の意味も持つ。また，社会住宅・公営住宅は，低所得者に対する現物支給の面がある。一方，住宅の構造で考えた場合，「一戸建て」や「集合住宅」という区分が存在する。

海外において，地理的・歴史的・文化的な背景から，「住宅」の位置づけが日本と異なることがある。例えば，都市型高層集合住宅を中心とする国がある。日本のように一部の都市に人口が集中し，地方と都市の格差が存在するとは限らない。

また，福祉施設などは，一般の住宅ではないが居住空間として理解しなければならない。施設の中をできるだけ一般の住宅に近い形にデザインしたり，逆に，施設と同じようなケアが受けられるように一般の住宅を改装したりする取り組みが行われている。住まいの多様性について理解することが重要である。

2. 日本の住宅政策の展開

（1）持ち家政策

　日本の住宅政策は，社会政策の中で大きな位置を占めてこなかった。社会的に，「自分の住まいは自分で確保する」といった自助主義，「マイホームの夢を叶える」といった持ち家主義が中心であり，日本の社会政策が，まずは賃金や労働時間などの労働問題，所得保障の問題を中心に展開してきたこともその背景にある。

　戦後の住宅政策は，人口・世帯増と高度経済成長の中で，住宅供給の確保が大きな課題となる中で展開された。住宅数の確保を計画的に進めるために1966年に住宅建設計画法が制定された。また，住宅の大きさ・広さと家族形態とは密接な関係にある。農村部などの三世代同居から，高度経済成長期の都市化・核家族化の進行とともに郊外型一戸建ての住宅が増加した。大都市部では，周辺部に「ニュータウン」の開発が進んだ。また，住宅公団によって，都市部を中心に公団住宅が供給される一方，低所得世帯に対しては公営住宅が用意されてきた。やがて，所得水準が上昇するとともに，「持ち家」志向が高まるようになった。

　2000年以降，住宅政策では「規制緩和」が進んでいる。2006年に住生活基本法が制定され，住宅建設計画法が廃止され，住宅に関する金融も民営化されるなど，金融の面でも，また，住宅供給の面でも，市場原理が重視されている。もう一つ重視されているのが，「ストック」の重視，数よりも質の重視である。こういった住宅政策の変化は，少子高齢化と密接な関係がある。数よりも質，ハードよりもソフトの重要性が増すのは，ある意味当然のことといえるだろう。

（2）公営住宅

　日本では，歴史的に公営住宅は，住宅に困窮する者への直接的な現物給付の位置づけであった。個別の住宅ニーズを少なくともハード的には充足するものであったが，その管理コストが課題となっている。財政問題などを抱える地方自治体は建て替える余裕がない場合もあり，老朽化が進んでいる。

　公営住宅では，高齢者，障害者，ひとり親世帯，低所得者世帯などに対する優先入居の仕組みがある。こういった人々は困窮度が高く，優先されるべき理由があるが，公営住宅群（団地など）を都市の中に建設することは，特定の地域に，低所得者や高齢者など経済的基盤が弱い人々を集中して住まわせることになる。公営住宅自体の供給量が減少する中で，入居者の高齢化が進むなど公営住宅の残余化が進行することになる。

　このように，公営住宅の残余化が進行する一方で，民間の賃貸住宅市場は，人口減少社会を迎える中で，過剰なストックを抱えている。いわゆる「空き家」問題は，日本の住宅政策において主要な課題となっている。

（3）住宅困窮者・高齢者・ホームレス支援

　日本でも，様々な理由から住宅困窮の状況に置かれるケースが発生する。経済格差の拡大や家族形態の変化などにより，住宅困窮者も増加している。ホームレスの問題に加えて，こういった困窮者を標的にした「貧困ビジネス」なども横行しており，社会保障制度の大きな課題となっている。高齢者の場合，経済的困窮，設備の面，さらには，家主の消極的な姿勢などによって，賃貸住宅の入居に困難が生じる場合がある。

　そこで，2007年に，住宅確保要配慮者に対する賃貸住宅の供給の促進

に関する法律（住宅セーフティネット法）が策定された。この法律は，2017年に改正され，地方自治体による賃貸住宅の供給促進計画の策定，要配慮者の入居を拒否しない賃貸住宅の登録制度，情報提供などが定められている。

　また，日本では，「住宅手当」が発展しなかった。日本の生活保護制度の中には，「住宅扶助」が設定されているが，独立した現金給付制度ではない。住宅困窮者に対する経済的支援は近年注目されている領域であり，2013年に制定された「生活困窮者自立支援法」では，「住宅確保給付金」の支給が地方自治体の必須事業として定められた。住宅確保給付金は，求職活動を行う者に対して，原則3か月間，生活保護の住宅扶助の特別基準額を上限として，賃貸住宅の家賃を補助するものである。また，2020年4月末以降，コロナ禍における措置として，休業等によって収入が減少し住居を失うおそれのある者も対象となっている。

　高齢者の場合，持ち家の自宅であっても住み続けられるよう改装が必要になるが，日本では，介護保険制度の下で住宅改修などが行われる。また要介護度が高くなり，日常的な介護が必要となるような場合には，「特別養護老人ホーム」のような福祉施設への入所が必要となることもある。

　高齢者の住まいの選択肢は拡大しており，「自宅か施設か」といった二者択一ではないことに注意が必要である。近年，拡大しているのが「サービス付き高齢者向け住宅（サ高住）」である。これは，「高齢者の居住の安定確保に関する法律（高齢者住まい法）」（2001年），高齢者向けの賃貸住宅を一本化するための法改正（2011年）などを経てつくられた高齢者向けの賃貸住宅制度であり，広さやバリアフリーなどの基準が設けられ，安否確認や生活相談など生活支援のサービスを提供するものである。

（4）地域包括ケア

　住宅政策・コミュニティ政策の動向を理解するうえで，高齢化の問題はきわめて重要である。第4章でも述べた通り，現在，日本では，超高齢社会の到来を視野に，「地域包括ケア」が推進されているが，住まいの確保はその前提条件となっており，さらに地域に固有の資源を活用して，地域の特性に合った仕組みをつくることが求められている。また，対象者も高齢者に限定するのではなく，障害者や子どもを含む全ての地域住民を対象に，専門職や事業者，行政，住民組織や商店など全ての住民が関わり，自助，互助，共助，公助を組み合わせて支え合い，生活圏域において，医療・介護サービスが利用できる「ケア付きコミュニティ」の構築が掲げられている。そのための拠点として，地域包括支援センターや地域ケア会議などの仕組みの整備に力を入れてきた。また，居住困難者に対する個別支援やコミュニティづくりにNPOなど民間非営利組織が参画する事例もある。住民の組織である自治会や，入居者による管理組合などによる見守り活動なども行われている。

3．住宅政策の国際的動向

　次に，イギリスを中心に各国の動向を確認しておきたい。イギリスでは，住まいを分類すると，持ち家，民間賃貸，そして社会住宅（Social Housing：あるいは，社会賃貸住宅：Social Rented Housing）の3つがある。社会住宅とは，住宅ニーズを持つ人々に対して，低額の家賃で住宅を提供するもので，一般に，地方自治体が建設・管理するカウンシルハウスと呼ばれる住宅のほか，ハウジング・アソシエーション（Housing Association）と呼ばれる民間非営利組織によって供給される住宅などがこれに含まれる。

　第二次世界大戦後，住宅が不足する中で，地方自治体を中心に社会住

宅の建設が進められた。当時の住宅政策は，国民一般を対象とする現物
支給による普遍的な施策であったといえる。1960年代になると，限られ
た財源の中での数の確保が優先される中，タワーブロックと呼ばれる高
層のカウンシルハウスが出現するようになった。この状況が大きく転換
したのは，1980年代当時のサッチャー政権による市場原理を重視した福
祉国家の改革である。住宅を買う権利（Right to Buy）の拡大政策によ
り，650万戸の社会住宅のうち，200万戸が居住者に売却され，持ち家の
所有者が増加することとなった。一方，社会住宅建設の抑制が進められ，
主として社会的なニーズが高い人々を対象とするものとなった。

　その後も，住宅政策の基本的な考え方が踏襲され，持ち家政策が推進
される中，課題となったのは，住宅すごろく（住宅梯子）の第一歩に参
入できない人たちをどう支援するか，また，購入可能な住宅（affordable
housing）をどう供給するかという点であった。特に，2007年の住宅市
場の危機以降，所得の下落やローンの問題が深刻化し，持ち家政策が行
き詰まる中で，民間の賃貸住宅に住む世帯が増加し，これにあわせて，
住宅手当に関する財政的支出が拡大していった。

　そこで，2010年以降，緊縮財政が進められ，社会住宅に対する補助金
や住宅手当の削減が行われている。イギリスでは，住宅手当（Housing
Benefit）の受給者は多く，民間賃貸住宅と現金給付とは密接な関係が
あったが，広さと家賃に上限を定め，世帯のサイズに見合った額しか支
給しないなどの削減が行われている。また，各種の社会保障の現金給付
をユニバーサル・クレジット（Universal Credit：UC）という制度に統
合する改革が行われた。住宅手当もこのUCに統合されている。

　また，イギリスでは，民間組織や住民組織による活動への注目が集
まっている。イギリスでは，日本よりも早い時期から空き家の問題や都
市部の貧困問題を抱えてきた。特に人気のない地区での空洞化や貧困問

題の集中が大きな問題となっている。そこで1990年代以降民間の力を活用した取り組みが進められている。自治体が所有していた社会住宅の多くがハウジング・アソシエーションに移管され，民間の資金を動員した住宅の質の改善，新規の建築や改修，管理が進められている。

　また，荒廃する地域を抱えた地方自治体は，政府の補助金削減の中で再開発できない状況に置かれているが，そういった地域の中には，地域住民たちが組織をつくり，地方自治体から空き家を譲渡してもらったり，寄付金を集めたりして，自らの手で再開発を進めるような動きもある（漆原 2020）。

　一方，フランスでは，社会政策において社会住宅が重視されてきた。フランスの社会住宅は，一般に，HLM住宅（低家賃住宅）として知られており，その多くが，民間非営利組織や地方自治体・公社によって保有・管理されている。社会住宅の新規供給数は増加しており，比較的新しい住宅も含まれている。社会住宅の居住者には，高齢者やひとり親世帯，さらに北アフリカなどからの移民が多い。地域に特定の属性の居住者が集中することは，差別や社会の分断を助長することになりかねないため，社会住宅の分散など都市計画を通じて居住者の多様性の確保（「ソーシャルミックス」）が目指されてきたが，困窮者数が増加する中で難しい舵取りが迫られている（檜谷 2020）。

　また，ドイツも第二次世界大戦後の住宅不足の中で，社会住宅が大きな役割を果たし，幅広い階層の国民が社会住宅に居住していた。2000年代以降，財政難などから社会住宅の数は激減し，低所得者，高齢者，ひとり親世帯などへの供給が優先されることになった。いわば，残余化が進行した。その一方，それ以外の層に対する購入可能な住宅（アフォーダブル住宅）の供給が，特に都市部において課題となっている（大場 2020）。

　ところで近年住宅困窮者層に対する支援に関して，「Housing First」というアプローチが国際的に注目されている。これは，ホームレスの状態にある人に対して，移行期の住宅や支援をスキップして，直接住宅を提供する方法である。これはもともとアメリカで開発されたアプローチであるが，イギリスや他の欧州諸国でも試行されるようになっており，今後の展開が注目される。

4．今後の展望

（1）住宅政策からコミュニティ政策へ

　福祉国家における住宅政策の2本柱ともいうべき現物給付（社会住宅）と現金給付（住宅手当）が転換期を迎えている。日本もイギリスも「持ち家政策」が中心であるが，その歴史は異なっている。日本では，歴史的に「社会住宅」が一般化せず，現金給付の制度も発達しなかった。すなわち，自助努力による住宅の確保（持ち家）を前提とし，低所得者など限定された者に対して公営住宅が提供される仕組みとなってきた。イギリスは，市場原理が重視されることによって，社会住宅が一般的なものから選別的なものへと変化し，社会住宅の対象が限定され「残余化」が進んでいる。さらに，首都への一極集中と地方の疲弊という点も共通している。

　日本では，各地方自治体において公営住宅が削減され，高齢化や雇用の非正規化が進行する中で，自ら住宅を確保できない層は増加している。一方，住宅手当について日本でもその必要性が指摘されているが，住宅の質を担保し，民間の賃貸業者への補助制度とならないような制度設計が重要となる。さらに，公営住宅の残余化や地域社会の分断に歯止めをかけるために，周辺地域間との交流，より広域の視点に立った取り組みがコミュニティに関する社会政策には求められている。

（2）個別の住宅から面として地域コミュニティへ

　国際的に共通する動向として，個人に対する住まいの確保や住宅供給，持ち家政策から，地域やコミュニティにおける住まいのあり方に関心が高まっている。一人一人に住宅を供給するだけでは，快適な暮らしが保障されることにはならない。高齢社会を迎える各国において，全ての生活ニーズを自助努力だけでも，また社会福祉制度を利用するだけでも充足することはできない点が認識されている。例えば，住宅手当を支給し，経済的困窮の状況を改善しても，それだけで，住まいが確保できるわけではない。さらに，住まいのハード的な課題を解決しても，そこで生活するためには，様々なサービスを組み合わせたり，近隣の人々の支援が必要となったりすることも多い。

　また，特定の地域に，低所得者や異なる文化的背景を持った人々など特定のニーズを集中させることによって，社会の分断を可視化することにもなりかねない。高齢化するニュータウンなどの将来のあり方も大きな課題である。個別の住宅供給だけで解決することはできないが，放置すればそのまま都市において大規模な社会問題となりうる。個々の住宅が確保できたとしても，まち全体が衰退するようになれば，住み続けることが困難となる。特に，日本では，人口減少を背景に，限界集落や自治体消滅が危惧され，コンパクトシティや二拠点居住の可能性が探求されている。繰り返しになるが住宅政策とは，住宅を確保・供給するだけでなく，広い意味でのまちづくりと密接に関係している。各国において，コミュニティ政策の重要性が高まっているといえよう。

（3）ハードとしての住宅（建物）から関係性への注目

　高齢化に備えて，住宅の改修やバリアフリーという形での地域コミュニティにおける障壁を除去する取り組みは以前から行われてきた。さら

にユニバーサルデザインという言葉も定着しつつある。これらに加えて，住まいや居住空間の質が，他者との関係性やつながりによって維持されているという点にも着目してみる必要がある。また，地域社会とのつながりが，「社会的孤立」の防止や，認知症の場合の見守りなどに関して重要な役割を果たしている。住みやすい環境，安心して生活できる住環境は，住民の関係性によって大きく左右されることになる。

（4）社会政策における多元的な仕組み

　国民に住宅を供給するだけでなく，その地域コミュニティで生活する人々の主体的な取り組みに期待が集まっている。独居高齢者に対する「見守り」や「つながりづくり」，住民による公共施設の管理，地域活動や住民主体のまちづくりなど，社会政策において高齢者や住民が一方的なサービスの受け手ではなく，むしろ，担い手として期待されている。また，地域における居場所づくりや，地域活性化のためのイベントなどには様々な非営利組織の役割も重要となっている。社会政策の分野のうち，こういったコミュニティ政策は，第2章で論じた，福祉多元主義の考え方が実体化する分野でもある。一方，こういった取り組みは地域によって異なることから，格差が拡大しないようによくモニタリングしていく必要がある。経済的にも精神的にも余裕のある社会階層と，困窮している社会階層とでは，このような地域活動に参画するうえでのスタートラインが同じではないことに注意が必要だろう。ソーシャルミックスの重要性が改めて確認されるべきである。

●おわりに

　社会政策に求められているものは，国民一人一人にライフステージに合わせて健康で文化的な住まい・居住空間を保障することである。例え

ば，日本の子育て世代の場合，住宅の取得は，子どもの学校教育と深く関与している。子育ての環境としては，「住宅」そのものだけでなく，「学校」「公園」「安全」など地域の環境が重要となる。「保育所」も同様で，日本では長年，保育所不足，待機児童が問題となっていた。また，若者・子育て世帯への住宅保障は，少子化に歯止めをかけるためには重要なポイントと考えられる。高齢者にとっても「買い物」や「医療サービス」へのアクセスが重要となる。個々の住宅だけでは，住宅政策とはならない。自宅で居住を継続するための条件が整備されることによって，健康で文化的な最低限度の生活が可能となる。

参考文献

Carmichael, C (2020) No way home: the challenges of exiting homelessness in austere times, Rees, J., Pomati, M., and Heins, E. (eds) *Social Policy Review* 32, Policy Press, pp.249-270

Daly, G. and Gulliver, K (2014) Housing Policy, Bochel, H., and Daly, G. (eds) *Social Policy* (3rd edition), Routledge, pp.371-400

Ministry of Housing, Communities & Local Government (2020) Evaluation of the Housing First Pilots: Interim Process Evaluation Report (Final Report), https://assets.publishing.service.gov.uk/government/uploads/system/uploads/attachment_data/file/946110/Housing_First_first_interim_process_report.pdf（確認日　2022.8.16）

檜谷美恵子（2020）「ソーシャルミックスと困窮者支援の両立は可能か：フランスの社会賃貸住宅制度が直面している課題」『都市住宅学』111号，pp.70-76

小玉徹（2012）「住宅手当はなぜ必要か：第3回 岐路にたつ所得補塡としての住宅手当（イギリス）」『いい住まい・いいシニアライフ』，Vol.111，pp.10-17

Murie, A (2012) Housing, the welfare state and the Coalition government, *Social Policy Review* 24, pp.55-75

大場茂明（2020）「ドイツの社会住宅制度：その理念と現実」『都市住宅学』111号

　pp.77-82

所道彦（2014）「イギリスの住宅政策と社会保障改革」『社会政策』 6 巻 1 号，
　pp.54-64

所道彦（2019）「住宅政策と社会保障」埋橋孝文・居神浩編著『社会保障の国際動
　向と日本の課題』放送大学教育振興会，pp.139-154

漆原弘（2020）「イギリスの縮小都市リバプールにおけるコミュニティー主導の非
　営利団体による社会住宅開発」『都市住宅学』111号，pp.83-89

埋橋孝文・居神浩編著（2019）『社会保障の国際動向と日本の課題』放送大学教育
　振興会

6 | 障害者政策の国際動向

| 山村りつ

《目標＆ポイント》 2006年の障害者権利条約の国連総会採択以降，世界の障害者政策の多くは同条約を一つの共通軸として展開されている。この条約を基礎として現代の障害者を取り巻く社会保障政策の動向を理解するとともに，その中で日本の障害者政策を再評価する。

《キーワード》 ノーマライゼーション，障害者権利条約，合理的配慮，自立と自律

1. 障害者政策の展開とトピック

（1） ノーマライゼーションと差別禁止

　障害者政策の理解では，現在に至るまでの変化を踏まえることが重要である。現在の障害者政策の多くは決して所与のものではなく，多くの当事者や関係者の運動や発言によって勝ち取られてきたものである。その過程を通じて社会保障政策は障害者の生活に「何を保障してきたのか」，そして「どう保障してきたのか」を理解することで，現在の障害者政策の基盤となる重要な理念や価値を理解することができる。

　障害者に対する政策は長い間，障害者を物理的に「保護」することを主眼として展開されてきた。それは時に施設における収容であり，あるいは家族による監護であることもあった。その他の生活困窮者と同様にわずかな給付の対象となることもあったが，基本的に自ら生活を立て維持する存在としては認識されてはこなかった。

　障害者政策の大きな転機の一つがよく知られているノーマライゼーション運動である。ノーマライゼーション運動とは，1950年代にデンマークの大規模施設で暮らす知的障害者の親が中心となって始まった運動で，障害者であっても障害のない者が送る当たり前の（ノーマルな）生活を送る権利があるとして，施設中心の障害者支援から脱して地域で生活すること，そしてそのための支援や社会サービスを求めた。この運動はその後，デンマークの行政官であったバンク・ミケルセンなどの活動によってデンマークの1959年法，通称ノーマライゼーション法として結実した。

　1960年代・70年代になると，ノーマライゼーションの概念とその運動は世界中に伝播した。アメリカでは公民権運動の影響もあってIL（自立生活）運動が起こり，各地で脱施設化が進んだ。脱施設化は同時に，地域で生活するための新たな支援サービスの登場と発展を必要とした。その結果，国による差はあるが，障害者が地域で生活するうえで必要な身体介護を中心としたサービスが政策を通じて提供されるようになっていった。

　また同時に，障害者の権利についての社会的な認識も徐々に変化する。地域に出て当たり前の生活をする，あるいはしようとする障害者が増えるにつれ，障害者に対する差別の問題が明らかになり，それは保護ではなく権利の要求・保障の動きとして発現する。その結果，早くは1980年代から，主には1990年代を中心として障害者の差別禁止に関する法律が各国で成立していった。

　このような流れに対して，日本は常に後れをとってきたといえる。日本でノーマライゼーションの考え方が知られるようになったのは1980年代であり，それ以前からあった障害者運動などを含めても，それらは諸外国のような大きな変化を必ずしももたらさなかった。脱施設化は現在

に至ってもまだ進んだとは言いがたい状況にあり，差別禁止法制も2014年の障害者差別解消法の一部施行をもって初めて一応の達成を見たという状況にある。

（2）保護から参加，自律へ

ノーマライゼーションの浸透は，障害者の支援という枠組みにおいて変革をもたらした。居宅，あるいは社会での当たり前の生活とは，同時に施設内では直面する必要のなかった様々な困難が伴う生活でもあった。障害者の支援においてはそれらの課題や困難から障害者を守るのではなく，その体験も含めて生活の質の向上につながるような経験としていくことが目指された。

このような変化から，障害者政策は施設でのほぼ終身の保護から，地域での生活を志向するものへと変化した。具体的な現象として脱施設化や地域生活移行の取り組みが伸展するとともに，さらに理念の面では「社会参加」や「自立」を目指す動きへとつながった。

「社会参加」や「自立」への志向は，次に「参加」とは何か，「自立」とは何かといった問いを喚起させた。特に障害者にとって経済的自立や身体的自立には大きなハードルがあり，それを強調するあまり障害者の生活をかえって当たり前の生活とは程遠いものとしてしまうことも起きる。そのような状況から，そもそも施設を出て地域での生活を志向することの真意は何かが問われた。そしてそれは，単に住む場所やADL（日常生活動作）の遂行の問題ではなく，社会の一員として主体的かつ自律的な存在として生活することの実現を指していた。

そこで障害者の支援と政策は次の段階へと移り，「自律」の実現が掲げられるようになる。「自律」とは自分で自分のことを選択しコントロールしていくことであり，いわば自らの生活における主導権を自らが持つ

ということである。生活に必要な全てを自らが行うことが重要なのではなく，施設を利用することや人の手を借りることも含め，それを自分で選択する・決定することが自律を実現する。そのためには障害者自身による自己選択や自己決定を保障することが重要となり，障害者政策では意思決定支援や権利擁護などの新たな支援領域が生まれていった。

　このようにして，障害者に対する支援とそのための障害者政策は，国による進行度合いや具体的な方策の違いこそあれ，全体として障害者の保護から参加と自立，そして自律へと変化してきたといえる。

（3）権利条約とその影響

　障害者政策における近年の重要な変化において，障害者権利条約（Convention on the Rights of Persons with Disabilities）を無視することはできないだろう。障害者権利条約は2006年に国連総会で採択され，その後現在までに180を超える国と地域が署名・批准している。日本は同条約に2007年に署名したがその批准には長い時間がかかり，2016年の差別解消法の完全施行によって一応の体制が整ったという状況にある。

　また障害者権利条約は，2001年の国連総会への提案から採択までの間の作業過程において各国の障害当事者が参加した点でも注目された。そこで障害当事者から発せられた「私たち自身のことを私たち抜きで決めるな（Nothing about us, without us）」という文言がよく知られるようになり，障害者支援のあり方を示すスローガンとなった。

　この権利条約により目指された代表的な目標が，障害の概念における社会モデルの採用と合理的配慮の規定の導入である。障害の社会モデルとは，障害を疾患や身体機能や形態など，主に医学的な診断基準からではなく，個人が置かれた状況や生活のあり方などを含め，その生活においてどのような困難があるかという点から障害を判断するものである。

同モデルは，WHO によって ICF（International Classification of Functioning, Disability and Health：国際生活機能分類）として条約の採択に先立つ2001年に採択されており，権利条約ではこの社会モデルを社会システムの基盤とすることが目指された。

　社会モデルを採用したことにより，国によっては「障害者」という定義自体が課題や困難を基にしたより普遍的なものに置きかわり，いわゆる障害者政策が一見すると見られなくなったような状況も起きた。そこに課題がないわけではないが，障害者政策という領域においては革新的な出来事であったといえるだろう。

　同様に合理的配慮の規定についても，権利条約によって世界中に普及した。詳細は後述するが，この規定は権利条約以前から一部の国ではすでに存在していた規定である。そして，合理的配慮の考え方においても障害を社会モデルとして捉えるものとなっている。

　権利条約に署名をした各国は障害者の自己決定保障，障害の定義の見直し（社会モデルによる定義の採用），合理的配慮規定の法制度化など，大なり小なりの障害者政策における改革を求められ，障害者政策が世界的な枠組みの中で大きく転換することとなった。

（4）障害者の就労

　このように障害者政策が世界的な流れとして変化していく中で，その実際の生活において大きな位置を占めるようになってきたのが障害者の就労・雇用である。理念として参加や自立・自律が掲げられるようになっても，それを実際の生活の中で具現化できなければ意味がない。障害者の生活においてこれらの理念を実現するために重要なカギとなったのが「働く」ということであった。

　もちろん，その場合の労働は必ずしも賃労働である必要はない。ただ，

いわゆる一般就労が多くの障害者にとって目標であることや，より明確に社会的な所属や役割の獲得になること，あるいは下記に述べる社会保障全体に見られる傾向などの様々な要因を背景として，雇用に基づく就労あるいは経済的自立を実現することのできる就労への傾倒が強まり，そのための支援や制度などが発展していった。

　就労支援・雇用支援は元来障害者政策における代表的なパートの一つであったが，このような支援や制度の変化・拡大傾向に伴い，政策においても様々な「仕組み」がつくられその後押しがされてきた。日本でも実際に障害者の雇用数はここ20年ほど継続して増加傾向にある[注1]。ただこの変化は必ずしも障害者政策の理念の成熟だけによるものではなく，一方でワークフェアや「福祉から雇用へ」など，社会保障全体における「就労による（経済的）自立」を促す傾向が障害者政策にも持ち込まれたという側面もある。

　政策上の変化という点でいえば，ここでも障害者権利条約の影響が非常に大きい。同条約の目玉の一つが前述の合理的配慮の規定を盛り込んだことであり，この規定が障害者の就労に深く関わるものだからである。この規定により，障害者の就業や雇用のあり方には（その規定が守られるのであれば）根本的な変化がもたらされた。それは，理解や善意ではなく障害者の権利と社会の義務に基づく就労あるいはその権利の保障としての障害者就労政策である。

2. 合理的配慮の規定

（1）概念と定義

　合理的配慮の概念は，古くは1960年代にはアメリカで登場し，その後1973年のリハビリテーション法，1990年の障害を持つアメリカ人法（ADA法）によって知られるようになった概念である。もともとリハ

ビリテーション法や ADA 法の就労に関する項目で規定されたもので
あったが，前述の障害者権利条約に盛り込まれた際に就労以外の場面で
も適用されるものへと拡大した。

　まず合理的配慮とは，障害による影響を排除もしくは軽減するために
必要な配慮のことを指す。そして，この合理的配慮によって障害者が本
来持つ能力を発揮できる場合，それを提供しないことを障害者差別とす
るのが合理的配慮の規定である。その成り立ちから就労および就業場面
において適用される場合が多いが，その場合の合理的配慮の提供の義務
を負う（提供しなければ差別をしたことになる）のは雇用主や実際の就
労現場における管理者などとなる。

　合理的配慮にはいくつかの特徴的な点がある。その一つが不作為を差
別とする点である。これは同時に，障害者がその障害のために必要とす
る支援（配慮）を要求することを権利とし，その提供を義務とすること
で実現する。またそれに伴って，提供義務を課される者の状況も加味さ
れるようになっており，両者による個別化された調整と交渉によって実
際にどのような配慮とするかが決められる。

　もう一つの特徴は「他の者との平等」を基本としている点であり，単
に障害者が多くの利益を得るものではなく障害のない者が享受する権利
を同等に享受するための配慮であることがその基本的位置づけとなる。

　合理的配慮は時として障害者の一方的なわがままのようにとられる場
合があるが，上記のように，あくまでも障害によって損なわれた機会を
公平に獲得できるようにするためのものである。またその考え方を前提
として，合理的配慮は障害者と障害のない者との対等な対話の下に成立
するものであり，かつ絶対的な基準は存在しないものでもあるといえ
る。

（2）合理的配慮と差別禁止法制

　このように，合理的配慮の考え方は障害者の権利と障害者差別についてのものであり，そのため合理的配慮の規定を具現化する法制度は多くの場合で差別禁止法制として整備されてきた。つまり「合理的配慮を不当に提供しないこと＝差別」を禁止する，という形で合理的配慮が保障される体制を整えるのである。

　また不作為を差別とするその規定の性質上，合理的配慮の提供は障害者自身からの要求が前提となる。その要求を受けて，要求された配慮と提供する側の状況，もちろん障害者自身の状況などを加味して最終的な合理的配慮が定まっていく。そのため，その当事者間の関係調整や決定についての審査をする第三者機関なども必要となり，合理的配慮の概念を生み出したアメリカでは雇用機会均等委員会（Equal Employment Opportunity Commission）などの他，障害者支援のソーシャルワーカーや弁護士，企業の担当者なども関わる。

　日本ではこの合理的配慮の規定を差別解消法によって制度化した。同法律をもって日本は2007年に署名した障害者権利条約の批准を宣言したが，10年近い道程には合理的配慮の規定を日本で実効力をもって制度化することの難しさが現れている。法律の名称が差別禁止法ではなく差別解消法となった点についても，当事者団体を中心とする関係者から多くの批判が寄せられた。しかし，民間企業などについて当初は「努力義務」とされた合理的配慮の提供も，2021年の通常国会において成立した改正障害者差別解消法によって数年の間に義務化されることが決定されるなど，徐々にではあるが改善がされてきている。

（3）合理的配慮規定実効化の課題と困難

　障害者権利条約に署名した各国は，日本に比べれば早くにその批准を

果たした。これは合理的配慮の規定についても法制度が整備されたということである。しかしながら，それぞれの国が整備した法制度は一様ではなく，合理的配慮の規定を実際に効力のあるものとするには多くの課題が存在する。

　差別禁止の規定である合理的配慮の規定には，禁止された行為に及んだ場合の処罰規定が必要である。これは同時に，その違反の判断が公平に行われるシステムや，処罰が適切かつ確実に遂行されるために強制力を持った制度が必要になることを意味する。障害者からの要求を前提とする規定ではその要求を適切に行うことが障害者側に求められるし，そうなると配慮を求める行為に対しても障害の影響がある場合の支援が必要となってくる。そういった実務的な仕組みづくりや，時には合理的配慮の定義そのものについても，国によって課題が指摘されるであろう状態になっている場合もある。

　さらに，合理的配慮の規定が実社会において機能するためには，その考え方を鑑みれば，その社会において権利と公平性に関する認識と理解が十分に醸成されていることが求められる。そうでなければ，仮に形式的に体制を整えたとしてもそれを使いこなすことができないからだ。例えば合理的配慮を障害者がズルをするものだと捉えたり，「してあげなければいけない」ことだと委縮したりする者もいるかもしれない。あるいは障害者の側も，合理的配慮を要求することをためらったり，逆にわがままをいえるものだと勘違いしたりする場合も考えられるだろう。

3．障害者政策がなくなる!?

（1）障害（者）の定義

　障害者の定義については，WHOが定める定義が一つの基準となって各国で展開されてきた。そもそも，「障害」の捉え方については「医学

モデル」と「社会モデル」の存在が以前から示されてきた。古くは基本
的に医学的診断によって規定されてきた障害の定義であったが，権利意
識の高まりに加えノーマライゼーション運動やIL（自立生活）運動な
どの影響もあり，障害者の権利保障の動きとともに彼／彼女らが「社会
的な存在」へと変化する中で，障害を社会的な関係性の中で捉える社会
モデルが推奨されるようになっていった。

　1980年に WHO は障害の国際的な基準を定めた国際障害分類（ICIDH）
を発表する。この分類は各国の障害の定義の指針にもなったが，同時に
その分類が医学モデルに依拠しているという批判も見られるようにな
り，2001年に ICF（国際生活機能分類）に改められた。この ICF に「障
害（disability）」の語句は見られず，障害を含めた個人の状況を示す様々
な要素から総合的に障害を捉えている。これにより，障害を「どう社会
的に捉えるか」についての具体的な基準が示されることとなった。

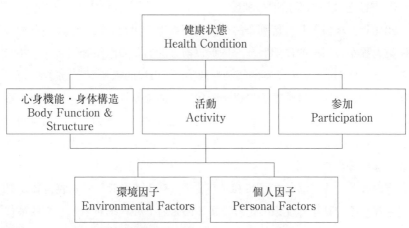

図 6-1　ICF の国際生活機能モデル

（2）社会モデルの政策への展開

　ICF によって障害の社会モデルが具体化されたが，一方でそれを政策に反映させることは容易ではない。ICF から「障害（disability）」の語句が消えたように，完全な社会モデルで捉えたとき，あらゆる個人の状況は障害になることもならないことも考えられる。それらは常にその個人の属性や希望，そしてその置かれた社会状況によるからだ。

　しかし一方で，特に給付など対象者の利益を規定する法制度では，その対象者を厳密に指定する必要がある。これは制度としての公平性や透明性の担保，あるいは権利と責任の明確化といった点からも必要であり，そのためには対象の要件を客観的に測定する方法の発見や定義の一般化が不可欠な作業となる。政策において障害の社会モデルを採用することは，誰一人として全く同じにはならない障害の状況を，一定の定式化された方法で測るあるいは定義するという非常に難しい課題を乗り越えなくてはならないということを意味しているといえる。

（3）EU とニーズ準拠型の制度

　2010年に組織として権利条約への集団批准を果たした EU は，条約の作業過程から積極的に関わり，採択以前の2004年の欧州憲法条約（2004年合意）では障害者の基本的権利や政治的・市民的権利などを提示した。障害者権利条約には障害者の権利の保障にあたり社会モデルを採用することや，障害者自身の自己決定の確保などが盛り込まれ，EU 加盟国はそれぞれに批准のための法整備に取り組み，欧州全域で障害者政策の改革が進められた。

　その改革の中で多くの国では，「障害」や「障害者」の定義自体が見直され，その結果「従来の定義による障害者」のみを対象とした政策体制，いわゆる「障害者政策」が縮小したり姿を消したりするという状況

が起きた。

　かわって政策や制度の対象者の決定因子となるのは，当たり前の生活を送るうえで助けを必要とするかどうか（いわゆるケアニーズ）と，就労能力の程度である。これにより，現在の日本の障害者政策のように，疾患名や心身機能の欠損・低下の程度で測られる「障害」の枠ではなく，個人の状況（症状のほか生活パターン，居住形態，就労状況など幅広い点についての状況）とその個人を取り巻く環境の間で生じるニーズによる対象規定，すなわちニーズ準拠型の政策体制がとられるようになった。それに対し，診断による障害を対象規定とするものを属性（あるいは類型）準拠型と呼ぶ。

　EU 諸国が果たしたこの障害者政策の改革は，それまで叶わない理想のように考えられていた社会モデルによる制度の構築が不可能ではないことを示した。もちろん，それぞれの国が整備した新たな政策に課題がないわけではない。あるいは，これにより医学モデルによる障害の捉え方が否定されるものでもない。しかし，障害者を生活者として捉えるという直接支援の基本的な視点が政策に組み込まれることになったのは，障害者政策における転換点となる出来事といえるのではないだろうか。

4.　社会保障政策としての障害者政策

　ここまで見てきたように，大枠としての障害者政策は様々な運動や社会的認識の変化に伴い，その価値が変化することにより実体としての政策の形態も変化させてきた。その過程で障害者政策は給付中心の枠組みから権利保障に重きを置いた枠組みへと変化してきたように見える。

　社会保障制度の範囲はその捉え方によって様々であるが，比較的狭義の捉え方によれば給付制度として捉える向きもある。そのため，このような変化は障害者政策の中心が社会保障制度の枠組みの外に置かれるよ

うになったという印象を受けることもあるかもしれない。しかしながら，もちろん権利保障のための取り組みも社会保障制度の一部として捉えることができるし，そもそも障害者政策において給付や規制といった従来の社会保障制度は現在も不可欠なものとして存在する。

（1）障害者の生活を支える給付

　障害者が社会保障制度を通じて受けることができる給付は多岐にわたる。それらは現金・現物（サービスを含む）と種類も様々であるが，基本的な生活保障のための給付と障害に起因するニーズに対応するための給付に大別することができる。

　基本的な生活保障のための給付はいわゆる最低生活保障である。これは障害の有無にかかわらずその社会において生活するために必要なコストに対する給付であり，いわゆる公的扶助などがそれにあたる。日本では生活保護制度がそれにあたり，実際，生活保護受給世帯には多くの障害者のいる世帯が含まれている^(注2)。

　一方で，障害者の生活には障害があることで障害のない者には必要のないニーズが発生する。代表的なところではケアニーズ，バリアフリーなどの物理的な調整，医療ニーズなどであり，これらのニーズ充足のために現金・現物での給付制度がある。日本では，ケアニーズや一部の医療ニーズには障害者総合支援法を通じてその他の生活ニーズとともに包括的な給付制度を整えているほか，公的医療保険制度などの普遍的な制度ももちろん活用される。

　また障害者の生活には上記のような障害に起因するケアニーズなどのほかに，食べる物や使う物，住む場所などが制限されることによって発生するコストがあり，通常の生活を送ること自体が障害のない者よりも「割高」な場合がある。そのため，生活保護では障害加算があり，また

社会手当として特別障害者手当などの補完的な現金給付制度も存在する。

　このように障害者のニーズに即して給付を捉えた場合，疑問の余地がある制度もある。例えば日本の障害年金制度である。障害年金は公的年金制度の機能の一つとして整備され，基礎年金と厚生年金で構成される。いずれも医学モデル中心の障害の定義による障害等級が設けられ，このうち基礎年金は，障害等級2級の場合でその他の老齢・遺族年金と同等の給付水準となり，1級の場合にはその1.25倍の給付額となっている。一方で障害年金は生活保護制度において収入として計算されるため，障害に起因するニーズに対する補完的な給付ではなく，あくまでも最低生活保障のための給付と考えることができるが，その点から考えると，この給付水準は障害等級2級以下であれば障害のない者と同様の生活を送ることができるという前提に立っているということになる。しかし果たしてそうだろうか。

　障害者に対する（公的扶助のような普遍的なものではない）現金給付は様々な形で各国に存在するが，その給付水準の根拠と妥当性については常に議論の俎上に載る点でもある。ただ，障害の社会モデルに従えば日本の障害年金のような属性準拠型の障害等級を他の老齢遺族年金に合わせただけの基準設定には根本的な問題があるといえるだろう。

　そのほか，海外では障害者向けの住宅（日本のいわゆる入所施設とは異なるもの）の供給制度があるなど，多種多様な給付制度が包摂されて障害者政策を形作っている。そしてその一部は障害のない者も含む普遍的制度と重なり，あるいは障害という定義によらない制度の場合もある。このような多様な制度が存在するのは，一つには生活全体を支えることから必然的にニーズが複雑となり単一の制度ではカバーしきれないこと，もう一つには障害者といえどもひとりの生活者として障害のない者

と同様の部分もあり，共通する部分については普遍的な制度を活用することが有効な場合もあるからだといえるだろう。

（2）規制の果たす役割

　障害者はその心身の障害により社会生活に様々な制限や課題を持つこととなり，その結果，社会関係において不利な立場に置かれることが起こりうる。そういった不利に対して，事後的な給付によって補償するというのも一つの方法であるが，そういった不利が起きないように規制を行うことも社会保障制度の重要な一部分となる。障害者の差別禁止法制はその代表的なものだといえる。

　日本に見られる障害者政策における規制としては障害者雇用に関する制度などが考えられる。日本の障害者雇用に関する制度は職業リハビリテーションの推進や差別の禁止などのほか，雇用義務規定と割当雇用制度によって構成されている。雇用義務規定とはその名の通り，公的機関や一般企業に障害者雇用の義務を課すものである。障害者雇用促進法では一般企業に雇用する労働者の一定割合以上の障害者（身体障害者・知的障害者・精神障害者）を雇用する義務があることが定められている。またその割合を定めたのが障害者雇用率（制度）として知られるもので，このような制度を割当雇用制度という。つまり日本の場合，雇用義務はこの雇用率を基準としてそれ以上の障害者を雇用することを義務とするものとなる。

　そのほか，公共の設備などの特定の環境におけるバリアフリーやアクセシビリティ保障の規定も同様の規制の一つと考えることができる。これは障害者が生活に必要な資源へのアクセスから排除されないようにするものであり，障害者に対する差別や不当な扱いを禁止する枠組みとともに整備されている。

　これらの規制によって，障害者が様々な社会システムや設備にアクセスする際に不当な拒否や排除を受けることがないような体制が整えられているといえる。これは障害者の側からすれば社会参加を，社会の側からすれば社会的包摂を実現するための体制づくりともいえる。

5.　むすびにかえて

　障害者政策は障害者のための政策であり，社会保障政策の一部に含まれる部分もあればそうでない部分もある。しかし共通していえることは，障害者がこの社会において，その障害のために何らかの不当な立場に置かれ公平に扱われない場合が常態化し，それによって彼らが様々な損失を負わされており，そのために社会制度によって彼らの生活をその権利と尊厳が担保されたものとしていく仕組みをつくることが求められるということだろう。

　また障害者政策は，様々な対象別政策領域の中でも当事者の権利と尊厳がその政策課題となり論点となってきた政策領域である。そのため，個別のシステムや構造の理解のためには，まずそれらの権利や尊厳とその保障についての価値や理念を理解することが重要となる。またこれらの理念が世界共通のものとして障害者政策の発展と進化を推し進めてきた。それを支えてきたのは障害者自身でありその家族や支援者であったが，これは同時に障害者の生活の当事者である者からそうでないその他大勢の人々へのアピールでもあり，言い換えれば多くの人にとって障害者の生活と障害者政策はいまだ他人事なのが現状であることを示している。今後は，社会全体がこのテーマを自分に関わりのあることとして認識し，取り組んでいくことが求められるだろう。

[注]

1　厚生労働省が毎年発表する「障害者雇用状況」によると，「民間企業に雇用されている障害者の数」は2002年以降連続して増加している。

2　厚生労働省の被保護者調査によると被保護世帯のうち障害者世帯は25万世帯弱（全体の13％ほど）であるが，一方で，障害者加算の認定件数は38万件を超えており，障害者世帯以外の内にも相応の障害者がいることが分かる。

参考文献

山村りつ編著（2019）『入門障害者政策』ミネルヴァ書房

長瀬修・東俊裕・川島聡編（2008）『障害者の権利条約と日本——概要と展望』生活書院

厚生労働省（報道資料）「令和 3 年　障害者雇用状況の集計結果」https://www.mhlw.go.jp/stf/newpage_23014.html（確認日　2022.8.16）

厚生労働省『障害白書 令和 3 年版』

7 | 社会的排除と包摂の国際動向

| 山村りつ

《目標＆ポイント》 近年の社会保障政策において看過することのできないトピックである社会的排除や格差についての理論的な整理とともに，これらの課題に対する各国の取り組みから社会的包摂と格差縮小のための制度について考える機会とする。
《キーワード》 社会的排除，社会的包摂，機会の平等

1. 概念と関係性の整理

(1)「社会的排除」概念の登場

　現在のような社会的排除の語句の使われ方は，1970年代のフランスにおいて長期失業者や障害者，ひとり親家庭などの置かれた状況を表す言葉として用いられたことに始まるとされる。1980年代になると当時のフランスにおける若者の長期失業問題の文脈の中で用いられ，広く知られるようになった。この中で社会的排除は，若年の失業者などに対して失業保険などのセーフティネットが機能せず，それが長期失業を引き起こす状況を説明するものとして用いられた。

　この概念の登場によって，若者だけでなく女性や障害者，移民など，様々な人々が置かれている「社会システムから排除されている状態」が社会的排除という言葉で説明されるようになる。また排除が起こる社会システムも，労働市場のみならずその労働市場に参入するために必要な資格や権利を得るためのシステム，教育や訓練，国籍や性別・年齢の規

定，また労働力の低下や損失を補うための医療や補償のためのシステムまで幅広いものを含むようになった。そして，その排除の結果起こる貧困や剥奪の原因として取り組むべき課題とされるようになった。

このような状況はフランスのみならず欧州諸国でも見られ，社会的排除は EU（欧州連合）によって注目されるものとなる。フランスでは1980年代に若者の長期失業への対策として RMI（社会参入最低所得手当：Revenu Minimum d'Insertion）が導入され，給付と就労支援によって労働市場への再統合が目指された。他の国々でも排除への対策がとられ，1980年代から90年代にかけて欧州理事会などで議論されていった。その後，アムステルダム条約（1997年調印）によって社会的排除との闘いが EU の目標の一つとして掲げられ，その闘いの手段として社会的包摂という言葉が共通して用いられるようになった。

（2）日本における社会的排除

日本でも近年では社会的排除（あるいはその対策としての社会的包摂）という語句がよく聞かれるようになったが，EU 諸国からの伝播ということもあり，その定着はやや遅れてのものであった。また日本では，社会的排除という言葉それ自体の意味が伝わったというよりも，むしろいくつかの社会的事象を説明する語句として知られるようになった感がある。

例えば2008年に起きた世界金融危機，俗にいうリーマンショックの際には，非正規雇用者が雇用保険から排除されていたことが，多くの行き場のない者を生み出した要因の一つとされた。また2006年に出版された橘木俊詔著の『格差社会——何が問題なのか』（岩波書店）では親の学歴が所得に影響し，それが子の学歴に影響することが示された。このことは後に問題とされる子どもの貧困という事象において，世帯所得と教

育の格差を通じて発生する貧困の再生産を説明するものとなった。こういった実際の社会問題的事象において社会的排除の語句は，前者は雇用保険という社会システムからの排除，後者では教育システムからの排除，あるいは教育（の機会）からの排除の結果として起こる将来の労働市場における排除（所得の高い仕事に就けない）を説明するものとなった。

　一方で，日本で2007年から展開された『「福祉から雇用へ」推進5か年計画』は，当時EU諸国を中心に展開されていた社会的包摂戦略の影響を受けたものであることが考えられるが，そこでは社会的排除や包摂の語句が用いられることはほとんどなかった。同計画は，その背景にある社会的排除の問題に触れることなく，障害者・母子家庭世帯（計画の記述のまま）・生活保護受給世帯の就労による経済的自立を推し進めようとするものであった。

　このように日本では，社会的排除の概念それ自体について深く考察されることが，一部の研究者を除けばあまりなかった。これは非正規雇用問題や子どもの貧困など，個別具体的な社会問題に直面化したことで，社会的排除の構造という広く汎用される大きな概念よりも，それぞれの個別ケースの問題に目が向けられ，記述されることが多くなったためだといえるかもしれない。少なくとも，日本の社会において社会的排除の意味やその問題性が広く一般に理解されているとは言いがたいだろう。

（3）「参加の欠如」とその「プロセス」

　社会的排除の概念は，しかしながら説明と理解が難しい言葉でもある。実際に説明を行おうとすれば，日本の社会問題の例のような個別的な事例を挙げて説明することが多くなる。これまでEU諸国等の政府による公式・非公式の文書などで示されていた定義にも，聞いて直ちにこの概念の理解を得られるようなものは見られない。そのような社会的排除の

概念について，その理解のために岩田（2010）はいくつかのポイントを
指摘している。

　岩田（2010）の説明によれば，社会的排除はまず「参加の欠如」であ
り，それが複合的に関わり合った不利の中から生じるものであるとする。
ここで「参加」とは「それが行われることが普通であるとか望ましいと
考えられるような諸活動」（岩田　2010：3，126）への「参加」である。
そしてそれが欠如することを，「関係の欠如」であるともしている。つ
まり社会における「参加」は何らかの「関係」を持つことと同意である
ということだ。さらにこのような欠如が複合的な不利から生じたり，さ
らに別の不利や欠如を引き起こしたりと，様々な関係が複合的に関わり
合っていく点も社会的排除の特徴であるとする。

　このように社会的排除を様々な社会関係の欠如として捉えるうえで，
同時に岩田はこの概念を「プロセス」として理解することの必要性も説
く。社会的排除はその結果として貧困や生活困難を人々の生活上に出現
させる。そのような貧困や困難の「状態」としてではなく，そこに至る
「プロセス」とそれを構成する要素によって社会的排除を理解すること
で，そこで起きている社会システムからの排除の構造を捉えることがで
きるのである。

　社会保障制度という点でいえば，社会的排除は様々な生活課題とニー
ズの発生，特に社会政策における中心的課題である貧困の大きな要因と
して位置づけられる。そのため，社会的排除の結果として発生するニー
ズに対する給付だけでなく，その発生する排除の構造に対する規制を通
じた働きかけも社会保障制度の担う役割の一つとなる。さらにそのため
には，社会的排除がどのような構造としてあり，何が欠如しているのか，
欠如の結果としてどのようなニーズが発生するのかというメカニズムを
理解することが重要だといえる。

（4）剥奪概念と機会の平等

　社会的排除の考え方が広く使われるようになる以前から，貧困は「（相対的）剥奪」という概念で捉えられるようになっていた。相対的剥奪は1970年代のイギリスにおいて貧困研究を行ったタウンゼント（P. Townsend）が示した考え方で，それまで経済的水準として捉えられていた貧困について，個人が暮らす社会における人々の生活や教育，文化といった様々な領域における一般的な水準の生活を暮らすことができない程度（相対性）によって捉えるものであった。そしてそれら一般的な生活を送ることができないことにより，労働力低下のリスクを高めるだけでなく様々な参加が阻害され，結果的に経済的貧困の要因となっていることを「deprivation（剥奪）」という言葉で表現した。この剥奪の概念は，特に欧州では経済的貧困（poverty）以外の貧困，あるいは貧困の持つ社会問題性を象徴する言葉となった。

　タウンゼントが貧困を「剥奪」と表現したのは，貧困状態を個人の主体的な行動の結果よりも外在的な要因によって「奪われる」ことで起きる欠乏状態と考えたためであり，それまで，個人の問題として捉えられてきた貧困を社会（環境）の問題として捉え直すものであった。この「剥奪」された状態はまさに社会的に排除された状態と同様のものだといえる。また，その欠乏状態をその社会において多くの人が当たり前に享受している水準を基準で捉えるとした点も，社会的排除の考え方に共通するものである。

　また社会的排除の概念では，剥奪の概念に比べてそのような排除が起こる社会構造やプロセスとしての側面に目を向け，その問題性をより強調する点，さらにそのような排除が特定の集団やカテゴリーの人たちに集中することへの問題意識を含んでいるといえるだろう。

　またそのような排除の社会構造によって貧困や生活困窮が引き起こさ

れる状況は，社会生活における様々な「機会」から排除されている状態
と考えることができる。そのことから，社会的排除への対抗手段として
の社会的包摂では誰もが公平にそれらの機会にアクセスできる状態が目
指される。そこに，「機会の平等」とのつながりが生じる。機会の平等
は「結果の平等」の対義的な位置づけとして用いられ，結果の平等を志
向するアファーマティブアクション（積極的差別是正措置）(注) への批
判の中で用いられてきた。能力や資質の異なる人々の中では，競争の結
果よりもそのプロセスを平等とすることが本来の意味での公平性につな
がると考える機会の平等の考えは，排除の社会構造に目を向け，その構
造をもって包摂を目指そうとする考えとも共存するものであった。

2. 社会的背景と社会的包摂の方向性

（1） 社会的排除の背景にあるもの

　社会的排除への対策としての社会的包摂は，本来必ずしも労働市場へ
の包摂だけを目指すものではない。それは社会的排除が必ずしも労働市
場からの排除だけを問題とするわけではないからである。当初フランス
で社会的排除が問題となった際も，問題は長期失業中の若者が労働市場
へ再参入することができないだけでなく，制度構造の問題から必要な社
会保険給付を得られなかったことにもあった。そのような，社会制度か
らの排除が多くの場合で社会的排除の構造の一部を構成している。労働
市場からの排除は，いわばそういった社会制度からの排除から派生的に
生じる二次的排除ともいえる。

　このような排除が起こる要因として，もちろん制度構造そのものの問
題も指摘されるが，一方で人々の生活が多様化し，それまで前提とされ
てきた制度構造ではカバーできない状況が起きてきたことも一因と考え
られる。産業化により労働者の被用者化が進み，さらにその被用者のう

ちでもキャリア形成や結婚，家族関係など，生活のあらゆる要素が多様化する中で，それまでの「典型的なライフコース」を進む個人を想定してつくられた制度では対応できない事態が起こるのだ。さらに現代では，被用者の中にも非正規雇用などを含む様々な就労形態があり，ギグワークといった継続した雇用関係に基づかない新しい働き方も登場している。そのような働き方の変化は社会システムとのつながり方を変化させ，従来の社会制度に包摂されない人々を増加させることになる。

　このような人々の生活の変化に対して，社会制度が追い付いていないだけでなく，そこからこぼれ落ちた人々の声が届きにくい状況がある。それが徐々に特定の集団の生活困窮や貧困という現象として現れ，その発生メカニズムが明らかにされることにより「社会的排除」として描写されるようになったのだといえるだろう。

　このような人々の生活の多様化の一方で，資本主義経済の進展と発達によって起こる社会的排除もある。様々なものが市場を通じて売買されるようになると，経済力のある者とない者とで生活や行動に違いが生じる。前者がより多くの選択肢を持ち，その選択肢の中でより良い生活を求めて選択を行った結果，多くの場合でさらに豊かになり，後者にはその逆の状況が起こる。いわゆる格差の構造である。つまり格差の構造は，その社会における（所得）階層間に作為的・不作為的に構築される社会的排除の構造ととることもできる。

（2）EU と社会的包摂戦略

　社会的排除の概念が定着しその対策として社会的包摂が掲げられた取り組みが拡大していくが，その取り組みは国によって様々である。前述したように，EU ではアムステルダム条約をきっかけに社会的排除がEU 全体の取り組むべき課題とされ，社会的包摂は EU 諸国に共通のス

ローガンとなった。しかし実際にどのように包摂するか，包摂のために
どのような仕組みをつくるかという点については，国による考え方や社
会状況の違いによって異なるものとなったとされる。

　細かな違いがあるとしても，EU諸国で共通して展開されたのがアク
ティベーション政策である。アクティベーション政策については第8章
で詳細な記述を行っているためここでは紹介程度にとどめるが，端的に
説明すれば現金給付などの受給に際して就労支援プログラムや社会活動
への参加を求めるものである。アクティベーション政策は一方で労働力
化政策としても理解され，（社会的排除の結果として）労働市場への参
入が難しい人々の，就労を通じた包摂を目指すものとして社会的包摂の
ための取り組みと理解される。前述のフランスにおけるRMIも，受給
者が担当者と就労支援計画を策定しそれに沿って就労を目指すもので
あった。

　前項で述べたように，社会的排除は労働市場からの排除のみを指すも
のではないし，社会的包摂も同様に様々な包摂の方法が考えられる。し
かしここで挙げたようにEU諸国の多くが労働市場への参入を通じた包
摂を目指した。少なくとも，社会的包摂のための取り組みの中心的な施
策としてこの手法が採用され，社会的排除の対象となった（なりやすい）
人々に対する就労支援型のサービス支援の制度として具現化されていっ
た。

（3）社会的包摂を志向する背景

　社会的排除への対策として就労支援型のサービス支援を中心とした社
会的包摂の取り組みが多くで採用された理由として，貧困と生活課題の
様相と社会的認識の変化が指摘される（宮本 2013）。かつて「貧困」に
代わって「剥奪」の概念が持ち込まれた際には，貧困問題はそれでもや

はり最終的には経済的（物質的）貧困の状態についての問題に帰着し，そのため，現金あるいは現物での給付が対策として考えられることが一般的であった。それに対して，社会的排除に対しては給付の拡大は必ずしも見られず，上述のような社会的包摂の戦略がとられている。これらの戦略の方向性は，社会的排除の状態を解消・軽減することで個人のその社会における自立や正当な活動ができる状態を目指すというもので，むしろ予防的な色合いを持つと同時に直接的かつ物理的な充足を必ずしも伴わない。

　社会的排除の問題に対してこのような取り組みが優先される理由として，宮本（2013）は全ての人が生活における不安や生活課題を抱える社会になったことを指摘する。一部の低所得者や労働能力のない者だけの問題であった貧困問題から，大半の人がこの社会においてニーズや，あるいはニーズ発生のリスクと不安を抱えて生活を送る状態にある。そういった社会においては，一部の人だけが利益を得るような選別的な給付制度はスティグマを高め，また受給者に対する強い反感を生む。つまり，自分たちも大変な生活を送っているのだから，給付を受ける者自身にも何らかの努力や貢献を求めなければ世間が納得しないということだろう。

　多くの国々が抱える国家全体の財政的困難も，給付の増加に対しては強い難色を示す一因となる。前述のような理由で世論の同意を得られないこともあるし，何よりもない袖は振ることはできない。経済低成長時代に入り，繰り返される世界的不況や経済危機の一方で，社会保障給付費は増加していく状況にあっては，給付の財源確保のための方法も簡単には見つからない。

　さらにいえば，社会政策全体において新自由主義が台頭する中で「機会の平等」や「公平な競争」の実現が志向される傾向にある。これらの

考え方の基盤に立って社会的包摂の概念を捉えれば，単なる給付による
救済よりも就労支援型のサービスの給付の方が「正しい方法」として認
識されやすい。そのような社会状況の中で，社会的排除の問題への対策
として，排除の具現化した状態としての生活困窮への直接的な給付より
も，社会的排除の構造を是正したうえでの個人の自立を目指す社会的包
摂の戦略が好まれたといえるだろう。

3. 社会的包摂のための政策と課題

（1）就労を通じた社会的包摂への偏向

　社会的排除の概念の出発点となったフランスにおいては，先に述べた
RMI（社会参入最低所得手当）制度をその対策として整備した。その後，
RMI は何回かの改革を経て現在は RSA（積極的連帯所得手当：Revenu
de Solidarité Active）として運用されている。同様に現金給付と就労支
援や参加を組み合わせたいわゆるアクティベーション型の制度はその他
の欧州諸国でも見られるようになった。

　EU 諸国の社会的包摂のための取り組みは，主に労働（市場）への包
摂を目指す方向で行われた。若者を中心とした就労支援や訓練の機会の
提供はその一つであるが，その他にも，社会的企業などを活用した雇用
の場の創出なども行われた。このような場合の雇用は一般的な就労と異
なり訓練的な要素を持つ場合があり，そこから一般的な就労につなげる
制度としている。このような一般的な就労への橋渡しとしての位置づけ
を持つ就労は「架橋的労働」や「中間的就労」と呼ばれ，社会的包摂や
アクティベーション政策の特徴の一つとなっている。

　これまでの就労支援では，いわゆる職業技能訓練が中心的であった。
しかし社会的排除によって労働市場への参入が難しくなっている人々の
中には，就業上求められる基本的な技能だけでなく，コミュニケーショ

ン能力や生活規律など基本的な日常生活を送るうえでの課題を抱える場合もある。そういった人々にとって，中間的就労のような場を通してそれらのスキルを獲得することによって，一般的な就労の場で職を得ることにつながることになるのである。

その他，上述のような就労支援や中間的就労などを経ても就労が難しい場合に備えて，公共部門などで雇用の場を用意する場合もある。ただ，何らかの社会活動への参加などをもってゴールとする場合には経済力を獲得することにはならない。そのため継続して，あるいは別の形で現金給付が行われる体制が必要である。

（2）労働市場以外での包摂

繰り返しになるが，社会的包摂は必ずしも労働市場への復帰のみで実現するわけではない。ただ資本主義経済が浸透した社会においては社会的排除の結果が経済力に結びつき，問題は主に「経済的貧困」という形で現れる。また，労働は個人にとって単に経済力を得る以上の意味がある。参加を実現し，役割や所属の獲得，自己実現の場であり，個人の尊厳の獲得にもつながる。そのため，社会的包摂を労働市場への参入を通じて行うというその立場には一定の説得力がある。

しかし同時に，労働市場以外での包摂も必要となる。北欧諸国では，社会的排除の問題が提示される以前から社会的包摂と同様の考え方から制度体制を整えてきたとされる。積極的労働市場政策や保育サービスの拡充で労働参加を高めるのと並行して，社会サービスによる基本的な生活の保障を強化してきた。いわゆる高い脱商品化の水準を維持し，商品ではなく社会サービスによって一定の生活水準が維持できるよう体制を整えてきたのである。

このような制度体制は，政府（と自治体）がその責任に基づいて人々

の生活を包摂してきたというように理解できる（宮本 2013）。北欧諸国ではこのような体制によって格差の指標であるジニ係数が高い（格差が小さい）状態を維持してきており，これは社会的排除の構造が発生しにくい状態と考えることもできるだろう。

　労働市場から離脱した際の生活保障のための体制も重要である。失業保険や再就職のための職業訓練や職業斡旋などの制度は，労働市場への復帰を早めるだけでなく，本人とその家族の生活水準を維持し，労働市場以外の場に包摂の場を設けることになる。すなわち，労働市場からの離脱がそれ以外の社会システムとの関係を切断することにならないように機能するのである。

　その他，教育や回復・リハビリテーションのための活動への参加も社会サービスとして保障することで，そこに包摂の場を設け社会的排除に陥ることを避けるだけでなく，そのような参加を欠いた場合の不利がさらなる排除へとつながることも避けることができる。社会的包摂は，単に労働市場からの排除・労働市場への包摂という観点からだけではなく，様々な社会システム・社会関係による包摂という観点から考えるべきものであるのである。

（3）日本における取り組みと課題

　これまでも述べてきたように，日本では社会的排除の概念そのものの理解が進むよりも先に象徴的な社会的事象の説明因子として用いられてきた。そのため，それぞれ個別の問題への対策として進められた取り組みが事実上の社会的包摂のための取り組みといえるだろう。例えば非正規雇用の問題においては雇用保険の加入要件を引き下げ，週20時間以上勤務する者であれば加入が義務となった。あるいは，子どもの貧困においては高等学校や大学の学費無償化や，いわゆる塾の費用の補償などが

進められてきた。

　一方で，様々な領域で共通して拡大されてきたのが諸々の領域における「就労支援」とそのための制度である。代表的なものが前述の『「福祉から雇用へ」推進5か年計画』であるが，それに先行して成立した障害者自立支援法（現・障害者総合支援法）では「就労支援の抜本的強化」が同法の5つの柱の一つとして掲げられ，また生活保護法では「生活保護制度の在り方に関する専門員会」の2004年の報告書以降，自立支援を軸とした制度の再編が行われ自立支援の強化が進められてきた。

　しかしながら日本の場合，これらの改革や新たな取り組みも，社会的排除への問題意識やそれへの対策としての社会的包摂の考え方から直接的にもたらされたものというよりは，同時期あるいは以前から見られていた社会保障政策上の課題への対策が，結果的に社会的包摂の戦略と同様の方向性をとったというに過ぎない。障害者の一般就労が進まないことは障害者支援における長年の課題であったし，生活保護の自立支援強化や厳格化は受給世帯の増加や社会保障財政のひっ迫に加え，一時期激しくなった生活保護バッシングなども影響していた。

　そういった意味では，日本では厳密には社会的包摂のための取り組みはなされていないといえるかもしれない。第8章で説明する生活困窮者自立支援制度は，いくつかの点でアクティベーション政策として捉えられる場合もあるが，社会的排除の問題への対抗策としての位置づけは決して強くない。このような特徴は，上述のイギリスにおける取り組みに共通する点でもある。このように社会的包摂は本来，社会的排除の状況とその問題意識を前提とし，その状況を克服するための戦略として用意された概念であり用語であったが，実態として政策が整備される過程において「何が問題であるのか」が曖昧になりつつあるといえるのかもしれない。

4. むすびにかえて

　社会的排除という言葉が登場してから数十年が経ち，その間にその位置づけや人々の問題意識も様々に変化してきた。そして現在，その問題性が強く意識されその対抗策である社会的包摂が社会保障および社会政策の重要な指標となるに至っている。今この時代にこのような認識の高まりが見られるのには，現在の社会状況が大きく影響しているといえるだろう。特に，ほとんどの福祉国家において当たり前に生活する人々の生活保障をいかに実現していくかは喫緊の課題の一つとなっており，多くの場合でその根底には財源・資源の問題が存在する。

　社会的排除の問題は，実態として生じた様々な生活困窮の背景を捉えることで認識されるようになったものであるが，そのためなのかどうか，社会保障制度による対策は眼前に発生している困窮への直接的な補償や対策が中心で，社会的排除が起こる社会構造そのものへの働きかけはあまり行われていない。もちろん，そこまでは社会保障制度の範疇ではないと考えることもできるが，その構造が変わらなければいかに社会的排除の結果として起こる生活困窮や権利の侵害に事後対策を講じても，それは焼け石に水で終わってしまう可能性もある。

　一方で，社会保障制度はその構造や仕組みによって，ある意味で社会的排除を助長してきた側面を持つ。特定の人々や生活のみを包摂する制度体系は，一方でそこに組み込まれない人々を排除することになり，それが人々の生活に格差を生み出し，さらに排除を深めていく。このように，社会保障制度は社会的排除という問題において諸刃の剣とも呼べる位置づけにあり，だからこそ社会的に排除される人々をなくし社会的包摂を進めることのできるような社会保障制度体制の構築が求められるといえるだろう。

[注]

　アメリカの取り組みから注目されるようになった差別是正のための措置。大学入試において性別や人種に基づく入学枠を設けた策などが例として挙げられる。このような措置は，差別される人々への優遇措置である一方で，それ以外の人々への逆差別に当たるという批判を受けた。

参考文献

岩田正美（2010）「社会的排除：ワーキングプアを中心に」『日本労働研究雑誌』52巻 4 号，pp.10-13

宮本太郎（2013）『社会的包摂の政治学——自立と承認をめぐる政治対抗』ミネルヴァ書房

橘木俊詔（2006）『格差社会——何が問題なのか』岩波書店

8 アクティベーション政策の国際動向

山村りつ

《目標＆ポイント》 欧州を中心として展開されるアクティベーション政策。若者・障害者・女性などを対象に給付と社会参加（就労を含む）を組み合わせて提供されるその政策の理論と実際の取り組みの概観を通して，現代の労働社会が抱える課題を明らかにする。
《キーワード》 ワークフェア，アクティベーション，福祉と雇用

1. 概念の整理（ワークフェアと日本における理解）

（1）ワークフェアとアクティベーション

　アクティベーション政策について考える前に，まずワークフェアの考え方について確認しておく必要があるだろう。ワークフェアとは，端的にいえば，何らかの現金給付において就労もしくはそれにつながる訓練的プログラムへの参加を義務的に求めるものである。アメリカでは1960年代には現金給付の受給者に就労のための教育・訓練プログラムが行われていたが，1980年代には公園の清掃などの就労を課す（拒否した場合には受給停止とする）プログラムが施行され，就労を義務とするワークフェア型の制度の原型となった。その後アメリカでは，そのような制度への批判などを受けながらも同様の制度形態が定着し，1996年の改革における TANF（暫定的困窮世帯扶助：Temporary Assistance for Needly Families）の登場などによりワークフェアとして知られるようになった。

　TANF などのワークフェア政策で注目されたのは，労働への参加が受給の条件であったことや，賃労働に限られたこと，さらに制度によっては受給期間の定めがあり，いわば受給者を強制的に労働市場に押し出し給付を停止するためのシステムであった点である。このような制度体制は，当然のことながら疑問や批判の的となり，ワークフェア型の政策がそのままの形で他の国々に持ち込まれる例はあまり見られなかった。

　しかしワークフェアの考え方には同調的な者もいた。福祉国家における財政的課題もあって給付のための財源確保は実際のところ多くの国々にとって頭の痛い課題であったし，新たな生活リスクの登場によって多くの人が生活に不安を抱える中で，働かずに給付を受ける者に対する否定的な態度は社会全体の総意のようになっている。また労働の点からは，労働人口の減少と労働力不足への懸念は先進各国に共通する。その一方で，社会的排除の概念の登場によって非労働力化された人々の存在が浮き彫りになり，欧州では特に若年者などを中心にいかに労働力化を図るかに注目が集まった。そういった中でワークフェアは，給付の抑制と労働力化の促進という成果が分かりやすい制度でもあった。

　そこで欧州を中心に始まったのが後にアクティベーションと呼ばれるようになる政策である。これは，現金給付に何らかのプログラムへの参加を求めるという点で，当初，ワークフェアと同様のものとして理解された部分もあった。一つの側面から見れば，アクティベーション政策はワークフェア政策の条件を緩和したものといっても間違いではないだろう。また根源的に労働力化を目指すという点も共通している。

（2）アクティベーション政策の展開

　アクティベーション政策は一般に，アメリカを起点とするワークフェアに対して欧州に代表される政策として捉えられている。ワークフェア

との違いとして指摘されるのは，現金給付に伴っての就労ではなく「参加」を求めるという点であり，それは賃労働に限らず様々な社会活動の場合もあるという点である。

　アクティベーション政策がこのような形をとる理由は，また「アクティベーション（Activation）＝活性化」という名称をとるのは，その対象が労働市場から排除されたり離脱したりした若年層を主な対象とするためでもある。欧州では1980年代から社会的排除の概念が浸透し，EU はその対策として「社会的包摂戦略」を掲げてきた（第7章参照）。この時，排除され労働市場への参入が難しくなった社会給付受給者の中で若者が一定の割合を占めたこと，若者が本来労働力を期待される存在であることなどから，若者を中心としてアクティベーションという手法が採用されてきた。つまり，労働市場から外れて労働力を休眠させている人々の労働力を，再度「活性化」させるのである。

　その後，アクティベーション政策は若年層だけでなく女性や障害者，高齢者などにも広がりを見せている。いずれも，本人の能力以上にその属性によって労働市場への参加において排除を受けやすい存在であり，そのことが経済的貧困のみならず社会的地位の脆弱化など様々な生活課題を生み出している人々といえる。

　なお，社会的包摂については第7章で詳しく述べており，アクティベーション政策はこの社会的包摂のための手段の一つとして位置づけられている。この位置づけに沿った場合，アクティベーション政策にも様々な形態が考えられるが，本章で特に説明なく「アクティベーション政策」や「アクティベーション型の制度」といった場合には，給付に紐づけされた参加の形態として就労支援型の制度（支援計画の策定や技能訓練の受講，一般的な就労をゴールとした活動プログラムなど）をとり，最終的には一般的な就労によって経済的自立を目指す政策や制度を指す

ものとして記述していく。

（3）就労と参加の位置づけ

　第7章でも述べたように，社会的包摂の戦略において労働市場での包摂（再参入）を具体的手法とすることは一定の合理性があるものであるし，実際に多くの社会的包摂のための取り組みはこの手法をとる。その結果，アクティベーション政策の多くは「就労支援サービス」として制度化されることが多い。そのため，アクティベーションの制度は労働市場参入へ向けたリハビリテーションのような段階として理解される場合もある。

　一方でアクティベーション政策は，原則として賃労働に限定されない幅広い参加を求めるものとして知られている。その場合には，制度を通じて参加を果たした後も対象者は一定の（現金）給付を必要とし，実際にそれが継続される制度がどこかに用意されている。これらの「就労」と「参加」のどちらがゴールとして求められるのかは制度によって異なる。

　さらに「就労」と「参加」は，アクティベーション政策において「就労か参加か」という二者択一的な関係ではなく，「参加から就労へ」という一連のものとして制度内に位置づけられる場合もある。第7章で述べた中間的就労はそのような立場から設定されるものである。参加の欠如によって自ら社会的な関係の構築や維持を行えない状態や，いわゆる生活自立が難しくなった状態にある者に対し，将来の一般的就労の達成に向けたステップとして参加を位置づける。この場合，参加は就労の前段階に位置づけられる。

　このような就労と参加の位置づけの多様性は，しかしそれに基づくサービスを受ける者にとっては重要な違いとなる。言い換えれば，誰を

どのような形で包摂するのかによってその適性は異なり，制度のあり様も変わってくる。そのためアクティベーション政策においては，この「対象」と「包摂の方法」についての目標設定を明確にしておく必要がある。

（4）就労意欲と中間的就労

　一般的な就労をゴールとするアクティベーション型の制度は，同時に将来的な給付の打ち切りを目指すものであるともいえる。このことは，一方で対象者のプログラムへの参加を忌避させたり，就労に対して消極的な態度をとらせたりする要因ともなる。そのためアクティベーション型の制度において重要になるのが，いかにプログラムへの参加と就労へのモチベーションを高め維持するかという点である。ワークフェアにおいては現金給付の直接的な条件となるため，むしろ選択肢がない（就労しなければ給付を受けられない）場合もある。このような脅迫的なモチベーションの持たせ方は，労働市場からの離脱のリスクが高い社会，つまり離脱が即生活困窮につながるような社会においてはより効果的である。しかしアクティベーション型の政策においては，様々な参加を含むゴールの選択肢の中で一般的な就労を選択するような仕組みが必要となる。そこで重要となるのが第7章で述べた中間的就労である。

　中間的就労には，就労における経済的利益以外の利益（役割や所属の獲得，働きがいや楽しさ）を体感し，就労へのモチベーションを高めるという効果も期待される。そういった意味でも中間的就労はアクティベーション型の制度において不可欠な要素に近いものであるが，もう一つの仕組みとして，中間的就労による収入をインセンティブとすることが有効な場合がある。端的にいえば，そういった収入が給付との相殺などがされずに給付に上乗せになるようにするのである。このような仕組

みは，アクティベーション型の制度の最終段階として一般的な就労が実現した後の一定期間にも適用される場合がある。そうすることで，対象者が一般的な就労へ移行することを躊躇することがないようにするのである。

2. 政策拡大の背景

（1）社会的包摂との関係

　アクティベーション政策が欧州を中心に展開されてきた背景には，それが社会的包摂戦略の中に位置づけられたことが大きい。第 7 章で詳述しているが，1990年代から欧州では社会的包摂戦略がとられるようになった。これは，その前に登場した社会的排除の概念とそれに対する対策としてとられたものだった。

　社会的包摂戦略の対象は排除された人々ということになる。これは様々な社会的制度やシステムの直接的あるいは間接的な排除の結果として，適切な労働あるいは労働市場そのものから排除されている人々を指し，若者や移民，女性，高齢者，障害者などに代表される。その中で，排除された若年層はまさに労働力を持ちながらそれを発揮できていない人々であり，アクティベーション政策による社会的包摂の中心的な対象の一つとなった。

　若年層の社会的排除の要因には教育や技術，コミュニケーション能力などの個人のスキルだけでなく，社会関係の欠如などの環境要因もある。こういったことから起こる排除に対し，必要な者には教育や訓練を提供し，また参加の機会を通じて社会的な環境を整えていくことで経済的だけでなく社会的な自立を目指すのがアクティベーションの考え方である。そしてそれが主体的な社会的包摂につながるといえる。

　アクティベーションが必ずしも賃労働だけをゴールとしない点も，社

会的包摂戦略においてアクティベーション政策が無理なく展開された理由の一つだろう。社会的排除という事象がフランスで捉えられた際，それは一部の人々の生活困窮として出現したものであった。このような事象は経済的貧困の一因である労働市場からの排除の問題としても捉えられたが，その要因が社会構造の問題にあることへの問題意識も当初からあった。社会的包摂についても主には労働市場による包摂が大きな位置づけにはあるが，社会的排除あるいは包摂の概念が発展するにつれて，労働市場に限らない様々な社会システムからの排除や包摂にも目が向けられるようになった。それが経済的貧困の一因となることを問題とするという点で賃労働とのつながりが強いことは変わりないが，労働市場への包摂以外の形での包摂も視野に入れることができる点で，アクティベーションがワークフェアよりも社会的包摂戦略に即したものであるといえる。

（2）労働力不足への懸念

アクティベーションの考え方の前提にあるのは，その対象者が本来労働力を持っているにもかかわらず，社会的排除などの外部要因によりそれを発揮する場を得られていないという理解である。つまりアクティベーションは，労働力の総量を増加させる取り組みであるともいえる。

福祉国家の多くが高齢化の進展とともに人口全体に対する労働人口の相対的減少に直面している。日本のように少子化が進みすでに人口が減少傾向となっている国では問題はより明白だが，それ以外にも福祉国家のいくつかは2050年までに人口減少が始まると推計されている。一方で，やはり高齢化を一つの要因としてニーズの増加は避けられない状況にある。特に高齢化の進展はケアニーズの増加を引き起こし，それはケア従事者の不足へと直結する。

そのような労働人口あるいは労働力の減少という共通の課題に対して，アクティベーション政策は少なくとも逆行する政策ではない。現在不活性状態にある人々の人口規模が減少する労働力量を補うほどのものではないだろうし，アクティベーション政策がすぐさま労働力不足解消につながるものではないが，少なくとも労働力不足に対して労働力化（労働力量の増加）という点で同調的に捉えられるだろう。

（3）社会保障給付費の抑制

アクティベーション政策拡大の背景には，福祉国家全体が抱える財政的危機と拡大するニーズへの懸念があったことも否定できないだろう。ワークフェア政策では給付抑制の意図が直接的にイメージされたが，その特徴から「緩やかなワークフェア」とも呼ばれるアクティベーション政策においても同様の期待があったことは想像に難くない。

また，アクティベーション政策では現在発生している給付だけでなく，将来的なコストの抑制という点も指摘される。それは，アクティベーション政策の対象において現在不活性状態にある若年層が大きな位置を占めるためである。そういった人々には家族による扶助によって生活している者も少なくない。その場合，将来的にはその家族ともども給付の対象となることが予測される。日本でいえば未来の生活保護受給世帯が存在しているようなものであり，近年では8050問題として指摘されたり，長期のひきこもりなどにあった成人した子どもとその高齢の親の間で起きた痛ましい事件が発生したりと，社会問題として顕在化する様相も見られる。アクティベーション政策は若年層の経済的社会的自立を果たすことで，そういった将来のコストを抑えるという側面が利点として挙げられる場合がある。

その他，人々が不活性状態（就労していない状態）にあるということ

は，彼らによって生み出されるはずの経済的社会的利益を損失している
ということでもある。アクティベーション政策は，そのような点からも
ひっ迫する社会保障財政との兼ね合いから好まれてきたということがで
きるだろう。

3. アクティベーション政策の課題

（1）労働としての質と水準

　アクティベーション政策を労働力化の方策として捉えた場合，有効性
は認められるのであろうか。これまでも述べてきたように，アクティ
ベーション政策における参加は，あくまでもその先にある自立のための
過渡的なものとして位置づけられる。現金給付に伴う参加の一つである
就労が「中間的就労」と呼ばれるのは，この位置づけによるものでもあ
る。言い換えると，アクティベーション政策の成果は現金給付終了後の
状態あるいは給付終了そのものによって測られるといっていい。つまり
どの程度の人が自立を実現したか，それはどのような自立であるのかと
いうことである。そして多くの場合で，基本的にその自立は就労（雇用）
を通じた自立である。

　給付の終了は，それぞれのケースとして件数やそれまでの期間，投入
（インプット）との関係などから評価することができる。それに対して
終了後の状態の評価では，その就労の質や生活の自立への貢献が重要と
なる。そこで持ち上がるのが，アクティベーション政策における労働の
質と水準の課題である。

　アクティベーション政策の対象となる人々の多くは一般の労働市場へ
の参加が何らかの要因で難しい人々であり，またそのリハビリテーショ
ンとしての位置づけも踏まえ，中間的就労やアクティベーションによる
受給中に行う参加は，賃労働としては十分な水準にない場合も多い。そ

れは労働時間や賃金（給付や工賃に置き換わる場合も）だけでなく，物理的環境や労働災害補償などの労働者保護の体制など様々な分野における水準である。従事する労働自体も，単純労働やそのままでは賃労働としては成立しないような「作業」である場合も少なくない。そういった段階を経てゴールとしてたどり着く就労（雇用）が果たしてどの程度の就労であるのか，疑問の余地が大いにある。

このような点について，アクティベーション政策では「自立した低所得層」を生み出しているという批判もある。つまり，経済的あるいは社会的に自立は達成していても，貧困状態から抜け出すことができないまま給付がない状態に置かれるということである。これはいわゆるワーキングプア（働く貧困層）の状況である。このような課題はワークフェアや障害者の就労支援など，労働市場への参入や復帰を図る取り組み全般に見られるものであり，就労をゴールとすることの問題を提起するものでもある。

（2）日本における取り組みと課題

日本におけるアクティベーション政策として，生活困窮者自立支援制度が挙げられることがよくある。それは同制度が中間的就労という概念を持ち込んでいる点や，欧州でのアクティベーション政策の拡大と同制度の成立時期などが背景にある。また，同制度は現金給付よりも人的支援による自立支援を基本とした制度であるが，住居確保給付金の支給なども有期限ではあるが行われている。同制度に先立って設置された「生活困窮者の生活支援の在り方に関する特別部会」（2012年4月）でも，対象者に対して各々の条件に応じた社会参加と可能な場合には経済的な自立を目指すことが打ち出され，同制度を社会的包摂の実現のためのものとして位置づけたことも，欧州の例に倣って同制度をアクティベー

ション政策と捉える理由となっている。

　ただ生活困窮者自立支援制度においても，中間的就労のその先については多くの課題が指摘される。同制度を利用して就労や増収に結びついた人は一定数いるが，まだ十分な数といえる状況ではなく，地方自治体が行う自立支援では就労にあたって特に就労の場の確保などに苦慮している場合も見られる。また，そこで実現した就労も必ずしもそれだけで経済的自立が果たせるものばかりではなく，非正規雇用による短時間労働なども少なくない。さらに，現金給付を限定的なものとして位置づけている同制度では，アクティベーション型の政策で一般的な就労への動機づけとなる現金給付と就労による収入を同時に得るという状況をつくることが基本的にできない。そのほか同制度では，地域による実施状況の差や，連帯保証人等の問題を含んだ住居の確保に関する問題が見られることが指摘されている。

　第7章の社会的排除の説明で述べたように，日本では社会的排除の概念がそれを生み出す社会構造に対する問題意識としては十分に浸透しなかった。そのため，社会的包摂という考え方も，法律や制度の文言に含まれることはあっても，実際に社会的排除への対策としての位置づけとしては定着していないといえる。そのような背景から，日本ではアクティベーション政策というもの自体が事実上，行われていないといえるのかもしれない。

（3）アクティベーション政策の限界

　アクティベーション政策を社会的排除の文脈で捉え包摂のための手段として考えた場合には，その意義は大いにあるといえるだろう。しかし，一方でアクティベーション政策を労働力の活性化のための政策として考えた場合には，その限界も指摘される。

　アクティベーション型の制度は労働市場への参入を後押しする制度であるが，一方で労働市場は社会的排除への問題意識や社会的公平性といった価値に基づいて動くものではなく，あくまでも生産において求められる能力やその能力に見合った価格に基づいて労働力を売買しようとするものである。また労働市場にはすでに多くの労働者が参入しており，アクティベーション政策を通じて労働市場に戻ろうとする者は，ある意味で彼らとの競争に勝たなければならない。つまり，アクティベーション型の制度や取り組みがいかに手厚く適正に行われたところで，労働市場への参入ができるかどうかは労働市場や雇用主，その他の労働者の状況や都合に大きく左右されるということである。

　一部の国ではアクティベーション政策の一環として，そのような場合への対策の意味も含めて公共部門などで雇用の枠を用意する制度も見られる。しかし，公共部門とはいえ資本主義経済の一端を担うものでもあり無尽蔵にコストに見合わない雇用を続けることはできず，そのような雇用は時限的なものにならざるをえない。

　また労働市場は経済の動向の影響も直接的に受ける。日本におけるバブル崩壊後の時期のように，社会的な不利や排除がなくとも就職が難しい者や職を失う者があふれかえった時代には，アクティベーション政策のような就労支援の取り組みは成果をあげにくいだけでなく，むしろ取り組み自体が後回しにされたり縮小されたりすることも起こる。

　このようなアクティベーション政策が抱える限界は，障害者などを対象に展開されてきた就労支援サービスの中でも古くから見られた問題である。ここに社会給付と雇用という異なる原理の下で動く社会システムの間をつなぐ難しさがある。そして資本主義経済社会においては，よりその原理に直結する雇用システムの方が主導権を持つ。これは，アクティベーション政策あるいは就労支援制度が「福祉から雇用へ」という

言葉に象徴されるような2つの分断された社会システムの間の「移行」を前提とする限り，超えることのできない限界であるといえる。

4. むすびにかえて

　就労支援型のアクティベーション政策に超えられない限界があるとして，それではアクティベーション政策は今後どのようになっていくべきなのだろうか。一つは，その限界を前提としたうえで可能な限り雇用システムへの「移行」のための取り組みを続けていくことである。その成果に限界があったとしても，何もしないよりは十分に意義のある取り組みであるし，そこに労働市場以外での包摂の道が残されているのであれば，制度政策の対象となる者たちにとっては，時には良い選択肢が残されるかもしれない。

　あるいはアクティベーション政策自体の方向性を変えるということも考えられるかもしれない。冒頭にも述べたように，本来社会的包摂の手段として位置づけられるアクティベーションは，その定義によっては必ずしも労働市場での包摂を目指すものでなくてもよいはずである。就労以外の方法で経済基盤の確保をどうするかという課題は残るが，アクティベーション型の制度自体はそれとは独立した参加の場として位置づけるというのも一案である。

　最後に考えられるのは，「福祉から雇用へ」ではなく「福祉と雇用」を目指すという方向性である。つまり労働市場への参入が叶っても継続して給付を受けられるような体制とする。前項に述べた2つの異なる社会システム間での「移行」ではなく，両方のシステムを「並行」させるのである。このような状況は，時に「半福祉・半就労」といった言葉で表現されることがある。一般的な賃労働を継続しながら同時に給付を受ける状態で，多くの場合で賃労働だけでは十分な生活基盤とならない場

合の補完として給付（あるいはその逆で不十分な給付を補うための就労）が行われる。日本では中間的就労を意味する場合もあるが，アクティベーション型の制度における中間的就労は一般的な就労の実現や制度自体の期限設定によって過渡的な位置づけである場合が多い。それに対してここでいう「福祉と雇用」はその両者が維持・継続されることを前提としたものである。

　このようにアクティベーション政策は様々な形態をとることが考えられる。その前提として，この手法が社会的包摂という大きな概念の実現のための手法として位置づけられることがあり，社会的包摂自体が様々な形態をとりその対象も様々であるなど，幅広い事象と概念を含んだものであることが指摘できる。そのため個別のアクティベーション型の政策においては，その前提となる社会的包摂がどう捉えられ位置づけられているのかを注視する必要があり，就労支援型の制度や労働市場への参入に固執するのではなく，幅広い視点から制度体制を構築していく必要があるといえる。

　またアクティベーション政策は，それだけで個人の生活保障となるものではないことにも注意が必要である。特に労働市場への参入という点に焦点を当てた場合，経済的自立を個人の努力と責任に求めることにもなりかねない。「自立できる道筋は用意しているのだから，後はそこでどう頑張るかだ」というようなものとして理解されてしまえば，アクティベーション政策は貧困や生活困窮を個人の責任とすることになってしまう。アクティベーション政策はあくまでも社会的包摂のための取り組みの一つであって，労働市場以外の場での包摂のための制度整備を行ったうえで行われる必要があるだろう。

参考文献

厚生労働省（2017）社会保障審議会「生活困窮者自立支援及び生活保護部会」（第7回）資料1「生活困窮者自立支援制度の現状と課題について」https://www.mhlw.go.jp/file/05-Shingikai-12601000-Seisakutoukatsukan-Sanjikanshitsu_Shakaihoshoutantou/0000169130_7.pdf（確認日　2022.8.16）

宮本太郎（2013）『社会的包摂の政治学――自立と承認をめぐる政治対抗』ミネルヴァ書房

中村健吾（2019）「アクティベーション政策とは何か」『日本労働研究雑誌』61巻12号，pp.4-16

9 | ケアサービス給付の国際動向

| 山村りつ

《目標＆ポイント》　介護や医療，ニーズのある人々の相談援助など，様々なケア（care）が社会保障制度を通じて給付されている。これらのサービス給付とそのシステムにおける各国の動向と日本の位置づけから，社会保障制度が抱える課題を明らかにする。
《キーワード》　ケアサービス，ケアの供給システム，社会サービスの部分的市場化

1. ケアサービス給付とニーズ

（1）最低生活保障における位置づけ

　ケアサービスとは一般に介護や保育などの対人援助サービスを指し，ひとりでは行為や活動に困難が伴ったり支援を必要としたりするような場合に提供される。代表的な対象者は高齢者や児童，障害者などであり，いずれもほとんどの国や地域で社会サービス化されている。ケアが社会給付として供給されるようになったのは，ケアの提供元であった家族の構造と機能が変化しケアの提供が困難となったからに他ならない。

　家族によるケアの提供が困難となったのには主に2つの理由が考えられる。一つはケアに従事する労働力の不在・不足である。これは家族の規模自体が小さくなったこともあるし，家族成員内での役割分担に変化が生じたせいでもある。もう一つは複雑化する社会生活の中で求められるケアが高度化・専門化したことも理由と考えられる。

　一方で，ケアは程度の差こそあれ誰もがその人生のある時点において
必ず必要とするものであり，普遍的なニーズの一つでもある。適切なケ
アは生活の質を担保し，豊かな自立生活に不可欠な要素ともなる。その
意味で，ケアを保障することは最低生活保障の一環として位置づけられ
る。

　なお，医療サービスも広くはケアサービスに含まれる。しかし，上述
の例から考えた場合，専門的医療行為はそもそも家族によって提供され
てきたものではなく，その点で介護や保育などとは一線を画す。しかし
ながら，医療サービスにおけるいわゆる療養中の介護（病気治療におけ
る療養期間中のケア）については介護や保育などと同様の側面も持つ。
そこで本章ではケアやケアサービスを，基本的には介護および保育とそ
のサービスを指すものとしつつ，対人援助サービスとして包括的に捉え
る場合など，可能な場合には医療サービスも含むものとしてその旨を記
述しつつ用いるものとする。

（2）ケアを取り巻く課題

　現代のケアを取り巻く課題には，量と質の問題ともいえる2つの課題
が存在する。

　ケアの量の問題とは，必要なケアが不足しているという問題である。
前項でも述べたように，ケアの不足はそれまでケアの提供主体であった
家族の変化によりその提供が難しくなったことによる。また，それを補
完しうるコミュニティも同様に変化し，インフォーマルな関係によるケ
アの提供が困難となった。これにより家庭や社会においてケアが不足す
るという事態が生じている。

　そもそもケアの不在の大きな要因は，家族規模の縮小とその他の労働
（主に賃労働）への従事によってケア労働力の不足が起きたことによる。

　つまり，どちらの労働をとるかを迫られる事態において，ケアに従事する者が不在になったということである。換言すると，ケアの不在は労働力の配置の問題でもあり，その対策である保育や介護のサービスは労働政策としての一面も持つ。

　一方で，やや事情が異なるのが障害者のケアの場合である。この場合では，障害者自身が家族によるケアからの自立を求めたという背景がある。いわゆる「親亡き後」問題なども指摘され，当事者も社会も自立を志向する中で家族によるケアはむしろ意図的に縮小されてきた側面もあった。ただし，もちろんいずれにしてもケアを必要とするという事実は変わるものではなく，そのニーズを補うために社会サービスによるケア供給が必要とされてきたといえる。

　もう一つのケアの質の問題とは，いわゆる不適切なケアが提供される事態を指す。不適切なケアとはいわゆる虐待やそれに類する行為のことである。虐待は基本的に，ケアをする者とされる者の関係において起こり，その関係性が虐待の発見や抑制をより難しいものとする。現在の虐待にあたる行為それ自体はおそらく古くからあるものと考えられ，その意味で始まりを示すことは難しいが，かつては精神障害者やハンセン病患者などへの暴力的あるいは非人道的行為が指摘され，1990年代以降には日本で児童虐待が社会問題となった。

　虐待問題の多くは重大な事件や事故をきっかけとして社会的認知を得ることが多い。その結果，現在の虐待問題は児童から高齢者や障害者へとその問題意識の射程を広げ，法整備も進められてきた。また社会サービスとしての給付という観点からいえば，家族以外のサービス提供者による不適切なケアの問題がある。そこから，ケアそのものの提供のみならず，サービス提供者の資格制度やケアが不適切なものであった場合の対策としての社会サービスの整備も必要となっている。

2. ケアの給付システム

（1）ケアと費用負担

　最低生活保障の一環としてケアを保障していこうとする際，そこには2つの方法が考えられる。一つは現金給付により，すでに商品化されているケアサービスを購入するための資金を提供する方法であり，もう一つはケアそのものを現物給付として社会サービス化し提供する方法である。わが国のケアの給付においては主に後者がとられている。

　現物給付とはいえ，ケアを含む人的サービスの場合，それは物理的な「物」ではなく人が行う「行為」となり，サービスはその従事者にとっては労働として意味を持つ。ケアを社会サービス化するということは，家族内でシャドウワーク^{（注1）}として提供されていたケアを賃労働とし，ケアが従事者にとっての職業となることを意味する。

　自由市場における商品としてのサービスであれば，その費用の負担は購入者による。しかし，社会給付の場合にはサービスを受ける者（受給者）が直接的にその費用全額を負担することはなく，基本的には税や保険料からの社会支出となる。このサービスを受ける者と費用負担者が異なるという点が市場のサービスとの違いであり，サービス給付にはこれら「受給者」と労働者としてサービスに従事し提供する者（以下，「提供者」とする），そしてその費用の負担，つまりは管理し分配する者（以下，「負担者」とする）を制度によってつなげるシステムを構築することが必要となる。

（2）「受給者」「提供者」「負担者」の三者関係

　図9-1は上述の三者関係の構造について，いくつかのパターンを示したものである。なお，モデルによって受給者は「利用者」に置き換わっ

ているが，これはそれぞれのモデルの実際上，「受給」よりも「利用」
という考え方がより適切となる場合があるためである。

　まず図中の①は完全な市場モデルであり，ここには行政が存在しない。
つまり社会サービスとして公的な財源による負担はなく，売る側と買う
側の合意によって成立する取引となる。ケアを受ける者は自らの意思と
財力によってサービスを購入するため，サービスの「利用者」という位
置づけが適当となる。当然のことながら，このようなモデルでは購入の
ための経済力を持つ者しかケアを受けることができない。次に図中の②
は行政モデルとする。このモデルでは給付は行政による決定（措置）に
よって管理され，提供も公的機関やそれに準ずる機関によって提供され
る。この場合の多くでは別途市場モデルによるケアも同時に存在し，家
族によるケアや市場でのケア購入が難しい場合に行政モデルを通じた給
付が行われる。

　最後に図中の③は分立モデルとここでは呼ぶ。このモデルの特徴は負
担者と提供者が分かれている点である。社会サービスという前提に立て
ば負担者は行政となるが，提供者は様々な主体であることが考えられる。
仮に行政機関が提供者となる場合でも，負担者とは独立した機関として
機能することとなる。

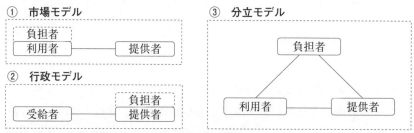

図9-1　ケアの供給における三者関係の諸モデル
（出所）　筆者作成。

　なお，生活保障としてのケア給付を，①の市場モデルを利用することも考えられる。購入のための現金を給付するという場合がそれに当たるが，その場合，費用の実質的な負担者は行政となる。そして利用者に直接的に費用が支払われ，それを元に市場で商品を購入するという構造になる。しかしながらこの方式では，人によるケアはもともと費用がかかるうえに，自由市場においてはその価格をコントロールすることも難しく，必要以上に高額となったサービスの購入が実質的に制限されるということも起こりうる。

　あるいは家族がケアをする場合はどうだろうか。従来のようなシャドウワークとしての家族によるケアではなく，賃労働としてケアを提供する者が家族であるという状況であり，生計を同じくする場合には利用者と提供者が一緒になる構造とも捉えることができる。このような構造をとる制度は，家族による介護に費用を支払うことができる制度として実際にいくつか存在している。

　このように，ケアの給付は様々なモデル構造をとって行われている。どのようなモデルを採用するかは，その国や地域の様々な状況や歴史的背景，そのほかの制度との関係性などの中で決まるものであるが，その根本には最低生活保障として必要なケアがきちんと届けられることを目指すものであるべきだといえる。

（3）供給システムと資源

　ケアの給付システムにおいては，その枠組みだけでなく三者それぞれの要素が確保されることも必要となる。このうち受給者についてはケアのニーズを持つ者であり，先進国を中心に高齢化が進む現代にあって減少の兆しはない。つまりこのケアニーズに対して，その他の二者が十分に用意されなければならない。

　要素の一つである負担者とは，言い換えればケアサービスのための財
源とその配分方法を指す。財源の確保の方法は国によって様々で，日本
では高齢者ケアは社会保険（介護保険制度），障害者や児童のケアは租
税を財源としつつ一部の自己負担によって確保されている。ただし，介
護保険制度については国庫（租税）からの支出もある。韓国や中国では
日本と同様に高齢者の介護保険制度を設けたが，欧州では障害者政策に
おけるニーズ準拠型制度の影響（第 6 章参照）でケアの給付においても
対象者別の制度の統合が見られたり，NHS（National Health Service：
国民保健サービス）よる無償医療制度を備えていたイギリスではケア
サービスの給付においても保険方式ではなく扶助による給付制度を整備
している。

　ケアサービスの財源の問題は，福祉国家の多くにとって頭の痛い問題
である。日本がその先頭を行くとはいえ，それ以外の先進諸国でも高齢
化は相応に進展し，高齢者のケアニーズは高まる一方である。また障害
者や児童についてもケアの社会化が伸展している。一方で，繰り返され
る世界的な経済危機やグローバル経済下での後進国の台頭など，社会保
障政策のみならず国家全体の財政状況としても決して楽観視できない状
況が続いている。

　このような状況を背景に，各国の社会保障制度はこの20年ほどで大き
く変化してきた。ケアの社会サービス給付においても，一定水準の財源
の確保は必至であったとしても，より効率的に，あるいは効果的にケア
の提供を行っていくための様々な仕組みが持ち込まれてきた。しかしど
んなに効率化を図り限られた財源を有効活用しても，ケアの社会サービ
ス給付を確実に行うために欠かせないものがある。それが人的資源，す
なわち実際にケアを提供する者であり，三者関係における「提供者」に
あたる部分である。

（4）ケア人材の不足

　技術の進歩により AI 化を含めて様々な仕事が機械に置き換えられる現代であるが，今のところケアはまだ人によって提供されるものであり，供給量の増加に比例して必要な人員も増加する。高齢化が30％に迫ろうという段階を迎え，社会支出における高齢者分野の占める割合が50％近くになる日本では，それ相応のケア従事者の不足も起きている。ケア人材の不足には２つの側面が考えられる。一つは全体的な労働力不足（労働力人口の減少）であり，もう一つはケアを職業として選択する者の少なさである。前者は近年見られる動向であるが，後者は減少してきたというより本来的にケアが「人気がない」職業であるためでもある。

　社会サービスであってもケア従事者にとってケア労働は職業であり，従事者は労働者である。職業選択の自由もあり，強制的に従事させることはできない。そのため，ケア関連職の地位の向上やそのための待遇の改善，体制の整備が社会保障制度として取り組むことのできる方法となる。日本では高齢・障害・児童のそれぞれのケア領域において職員の待遇（特に賃金）の向上のための働きかけを行ってきているが，人手不足解消の効果はまだ見られない。一方で主に身体介助においては機械化を推進する動きもある。

　国内の労働力不足に対しては，海外からの人材を求めることも一つの方法として考えられる。欧米の富裕層ではケア労働のために個人が人を雇うことは一般的で，その多くは外国人労働者である。また欧米では移民も多く，周辺の後進国から仕事を求めてやってくる者も多い。その際，低賃金の単純労働としてケア労働に就く者もいるが，一部の専門的な資格を必要とするケア労働については，その資格を取得さえすれば外国人であることが不利にならない職業として好まれる場合もある。

　日本では，ケアはもともと家族が提供するものという認識が根強く，

専門職としての認識は弱い。加えて，外国人の労働についても欧米ほど一般的ではないため，外国人のケア労働はあまり考えられてこなかった。また外国人の就業に必要な就労ビザの種類にも「ケア（介護）」は含まれていない。しかし，2008年のインドネシアを皮切りにフィリピン，ベトナムなどと看護師および介護士の受け入れについてのEPA（Economic Partnership Agreement：経済連携協定）を結んだ。これにより，当該諸国から来日した者が働きながら日本の国家資格を取得し，資格取得後は日本での就業を継続できる正式な制度ができあがった。なお，これらのEPAはあくまでも経済協力のための協定であり，政府は「人手不足対策ではない」という説明を繰り返したが，少なからずその意図があるものと理解されている。

3. 国際的動向

（1）ケアサービス給付システムの部分的市場化

　アメリカを除く多くの福祉国家では，特に介護を中心としてケアサービスの給付システムにおいて部分的市場化が進んでいる。この市場化は図9-1の③の分立モデルのように，財源（負担者）と実際のサービスの提供者が分離したことにより成立した。その代表的な例として，イギリスにおける高齢者ケアサービスにおける準市場化がある。このシステムは，日本にも介護保険制度として導入された。

　社会保障制度に見られるケアサービスの給付システムにおける市場化は，あくまでも部分的である。それは，完全な市場では購入のための経済力を持つ者だけがケアを手にできることになってしまうからである。そのような事態が起きないように，あくまでも部分的に市場の要素を取り込み，市場の持つ優用性をケアサービスの給付システムにも持ち込もうとするのが部分的市場化の意図である。

　部分的市場化は，財源の提供とともに価格等における政府の一定の規制の下で，サービス主体とその種類の多様化を実現し，契約によってサービス受給者の選択を実現することでもある。市場における消費者（購買者）にあたる受給者が自分の望むサービスを選んで利用することで，市場に見られるような競争がサービス事業者間で発生する。この競争を通じて市場にはより良いサービスが残され，あるいは事業者はコストを抑え，より効率的な商品の生産を目指すこととなる。

　同様に，受給者に選択権を与え，個々のニーズに即したサービスをニーズに基づいて算出された枠内で選択するという方法は，イギリス以外の国でも，また高齢者だけでなく障害者のケアサービスでも見られる。日本でも介護保険制度だけでなく障害者の総合支援法や保育所利用においても受給者による選択がシステム化されており，いずれも事業者間の競争によるサービス事業の効率化や質の向上を意図したものといえる。

　一方で，前述のように一部の政府による規制も残され，それが完全な市場とは異なる点となる。例えばサービスの価格である。市場では価格も含めて選択の判断基準の一つとなるが，いくら質が良いとはいっても必要以上に価格が高騰しては困るし，あるいは価格を下げるために必要経費が削られてサービスの質が低下しても問題である。そのため，例えば日本で部分的に市場化されているサービスではほとんどの価格は固定されており，事業者が勝手に設定することはできなくなっている。

　ケアサービスの給付システムにおけるこのような部分的な市場化は，いくつかの背景と意図の下で進められてきた。以下ではその点について整理する。

（2）福祉多元主義と在宅でのケア

　1978年のイギリスでの「ウォルフェンデン報告」を発端に福祉におけ

る国家の役割と縮小や分権化，民間の活用が推進されるようになり，ケアサービスの供給においても「福祉多元主義」がいわれるようになる。福祉多元主義とは，ケアの供給におけるそれまでの政府か家族かという二元的な考え方から脱し，政府・家族・非営利組織などによって分担しようというものである。このような福祉の担い手の多様化やその構成などは「福祉ミックス」と呼ばれ，どのようなミックスによって福祉供給の最適化を図るかが模索される。福祉ミックスの構成は政府・家族・非営利の三元構造から民間営利組織などを含む四元構造や，時には五元構造が示される場合もあった。いずれにしてもその含意は，ケアの供給を様々な主体によって行おうというものであった。

　このような考え方の背景には，それまで家族（もしくはインフォーマルな地域）が中心で，それが不可能な場合に政府による供給とされてきたケアにおいて，家族と労働の変化によって政府の役割が大きくなり，さらにそれがケアニーズの高まりやその他の外的な理由によって政府による供給の限界を迎えたということがあった。冒頭の「ウォルフェンデン報告」も，1973年の第一次オイルショックに端を発した財政的困難を受けたものとされている。

　続いて1988年のイギリスでの「グリフィス報告」で「コミュニティケア」という言葉が用いられ，高齢者のケアサービスにおける基本的な考え方となる。ここでいうコミュニティケアとは，住み慣れた地域の暮らしの中でケアを受けることであり，在宅でのケアを意味している。この在宅ケアの考えはその後，日本をはじめ諸外国へ伝播していく。また欧米ではそれに先んじてノーマライゼーション運動が障害者ケアの領域で起こり，脱施設化や自立のための地域生活が進められており，在宅でのケアはいわゆる身体介護サービスを通じた基本的な考え方となっていった。

　在宅ケアは，施設の運営や維持に係る費用を考えれば施設ケアよりも安価だとされる場合がある一方，まとめて多くの人をケアすることはできないため，人員などの点では多くの資源を必要とする場合もある。また，自宅での生活は施設のそれに比べて個人によって多種多様であり，求められる支援にも多様性と柔軟性が必要となる。そのようなケアニーズの変化と多様化に対して，福祉ミックスによる供給主体の多元化は重要な意味を持つものであった。

　日本でも，1989年のゴールドプランから在宅ケアの推進が掲げられ，在宅サービス供給のための施設整備などが進められてきたが，1997年に制定された介護保険法によってそれまで政府と社会福祉法人などに限られていた供給主体の多様化が実現している。福祉ミックスによる供給主体の多様化と在宅ケアの流れがイギリスの場合とは順番が異なるようにも見えるが，供給主体の多様化がなければ在宅ケア中心の介護保険制度は実現しなかったであろう。

（3）個人化と自己決定

　ケアサービス給付の部分的な市場化が様々な国で採用された要因の一つとして，欧州を中心に起きたサービス給付における「個人化（personalization）」があると考えられる。そもそも社会福祉におけるソーシャルワークでは「個別化（individualization）[注2]」が基本的な原則の一つとして掲げられる。これは，個人の状況を一般的な事例などに当てはめたりカテゴライズしたりせず個別のものとして捉えるというものである。それによって重大な見落としなどを防ぐだけでなく，個人としての対象者を尊重し，その尊厳が守られることで，対象者が主体的に自らの課題に取り組むことができるようになる。個人化はこのような個別化の考え方と同様，サービス給付のシステムにおいても決まった枠

内でのパッケージとしてサービスを提供するのではなく，個人の状況と
ニーズに合わせたいわばオーダーメイドのサービスをしようとするもの
であり，そうすることでサービス受給における満足度やその後の QOL
の向上につながるといわれることもあった。

　個人化は高齢者ケアサービスにおける準市場化や，障害者ケアにおけ
るパーソナル・バジェットなど，イギリスを中心に供給システムとして
具体化していった。つまり，いずれの場合も個人の希望と意思決定を
サービス給付の基盤とすることで，個人化を実現しようとするものとし
て理解できる。フランスの障害者ケアサービス給付においては，まさに
「オーダーメイド」という言葉が用いられ，個人の心身の状況だけでな
く家族や就労を含めた生活全体を考慮に入れたうえでの給付決定がされ
ている。

　なお，「自己決定の尊重」もやはりソーシャルワークにおける支援の
基本原則の一つであり，ケアサービス給付における部分的な市場化に
よって初めてもたらされたというわけではない。むしろそれがもたらす
効果や意義が社会サービスの給付システムにおいても認められ，制度化
されていったと考えるのが妥当だろう。

　そのため，部分的市場化が進められる中において「いかに自己決定を
保障するか」は常に重要なポイントとなる。単に選択肢を増やし並べる
だけでなく，その中で個人の意思に沿ったサービス受給が可能となるよ
うにするための制度の整備も必要となる。特にケアを必要とする人々の
多くは，自らの意思を表明したり決定したりすることに困難を抱える場
合も少なくない。そこで登場するのが意思決定支援や権利擁護のための
サービスである。そのような点から考えれば，ケアサービス給付の部分
的市場化は一方で，ケアサービスにおける権利性の獲得とサービス受給
者の権利の主体化を進めることに寄与しているともいえるかもしれな

い。

4. 部分的市場化の本来的な意味

　ケアサービスの給付システムにおいて，その部分的な市場化が進んでいる。もちろんその方法や形式は一様ではなく，組み込まれる市場の要素やその程度も様々であるだろう。またケア対象者の違いによっても異なってくるが，このことは世界的に見られる傾向といってよいだろう。

　このような動向の背景として，本章では福祉ミックスや個人化といった背景について触れてきた。しかし，それらは部分的市場化をある意味で肯定的に捉えた場合の話ともいえる。では本来の部分的市場化とは何を意味しているのか。特に，上述のような在宅でのケアや自己決定の尊重といった変化があるのに，なぜ「利用者中心化」ではなく「市場化」なのだろうか。

　それは，やはりそもそもこの変革が，多くの福祉国家が抱える財政的困難とケアサービス給付の負担増加などを理由として起きているためだろう。さらには最近の変化の背景に，市場を志向しその優用性を認める新自由主義の社会政策全体における影響があることが，市場化という言葉が用いられる一つの要因であるといえる。穿った見方をすれば，在宅ケアも自己決定の尊重も個人化も，限られた資源の放出をできるだけ抑制しようとする意図の下で練られた効率化のためのシステムへの転換を，それらしく説明するためにうまく利用されたようにもとれる。

　一方で，実態としての部分的市場化は，同時に利用者に自己決定や自己選択の機会をもたらし，個人の様々なニーズに対応できる多様なサービスを生み出している側面もある。このことは，施設などでの集中的あるいは専門的ケアに対して，比較的軽度のケアニーズを持つ者にとっては，QOL を高め豊かな生活を実現することに寄与している側面もある

だろう。このようなケアニーズは，行政モデルを中心としたケアサービスの給付体制では優先順位が低く，政策的ニーズとして扱われにくかった部分でもある。部分的市場化は，その背景にある福祉多元主義やそれを導いた様々な社会的事象と相まって，結果的にケアニーズを普遍的ニーズとして拡大させたものとして見ることもできるだろう。

　ケアサービス給付の部分的市場化は，社会保障制度の給付システムにおける一つの手段である。つまり重要なのはこの手段が何のために用いられ，実際に何をもたらすのかだといえるだろう。効率化や財政課題への対策として部分的市場化を見れば，それは給付抑制といった否定的な側面を想起させるものになることもあるが，人々の生活を豊かにすることや権利としての最低生活保障を叶えるものにもなるのであれば，部分的市場化はむしろより優れた手法ということになるだろう。

　さらにいえば，今後の社会や人々の生活の変化によっては，また別の新たな給付システムを創造しなければならなくなる可能性もある。その意味で，ケアサービスの給付システムはあくまでも社会保障制度の一環として何を保障していくのかに即して，常に適切な形態を模索していかなければならない事柄といえるだろう。

[注]
1　Shadow Work を原語としたもので「影の仕事」ともいわれる。家事労働など基本的に報酬を受け取らないが，他者が賃労働に就くうえで必要な生活基盤を維持するために不可欠な仕事を指す。
2　ソーシャルワークの対人援助における基本的原則とされる「バイスティックの7原則」のうちの一つ。

参考文献

上村泰裕・金成垣・米澤旦編著（2021）『福祉社会学のフロンティア』ミネルヴァ書房

M. Winance, I. Ville and J. F. Ravaud（2007）*Disability Policies in France: Changes and Tensions between the Category-based, Universalist and Personalized Approaches*, "Scandinavian Journal of Disability Research" 9(3), pp.160-181

山村りつ編著（2019）『入門障害者政策』ミネルヴァ書房

10 | ケア労働の国際動向

田中弘美

《**目標＆ポイント**》　ケアやケア労働の概念的枠組みを理解する。また，ケア労働をめぐる国際的動向を概観することを通して日本の特徴を捉える。それを踏まえて，ケア政策の今後の方向性を考える。

《**キーワード**》　ケア労働，フォーマル／インフォーマルケア，ケアの権利

1. 私たちが生きていくうえで欠かせない「ケア」

　「ケア」という言葉を聞いて，どのようなことが思い浮かぶだろうか。日本ではケアというと介護をイメージする人が多いかもしれない。少なくとも，高齢者や障害者，病気の人など特定の層にとって必要なものとして捉えられていることが多いだろう。しかし実際には，生まれてから死ぬまで，一度もケアを受けることなく生きていける人は存在しない。

　生まれたばかりの赤ちゃんのとき，誰かが食事を与えておむつを替えてくれたからこそ，私たちは今生きていられる。風邪をひいたとき，病院に行って手当を受け，家族に身の回りの世話をしてもらった経験がある人は多いだろう。落ち込んだとき，誰かに話を聞いてもらうと心が軽くなって次の日も頑張れるということもあるだろう。つまり，ケアは人が生きていくうえで欠かせないものであり，誰もが日常的に他者との関係の中で与え，受け取り合っているのである。

　より広い視点で見れば，私たちは個人であると同時に，社会や経済を構成する存在でもある。健全な労働力なくしては一国の経済は成り立た

ず，個人をケアすることは現在および未来における健全な労働力を創出することにもつながる。したがって，ケアは私たち一人一人のウェルビーイング（個人の権利や自己実現が保障され，肉体的・精神的・社会的に満たされた状態であること）を向上し，ひいては社会・経済活動全体を支える，きわめて重要な行為であるといえる。

　このように，ケアは社会全体にとって必要不可欠なものであり，ケアを供給することは単なる個人的な行為にとどまらず，「労働」とみなされてしかるべきだろう。国際的には，ケア労働は，全ての「大人および子どもの身体的，精神的，情緒的なニーズを満たすことに関わる行為や関係」（ILO 2018：6）と定義される。また，食事，排泄，入浴の世話といった肉体労働であるだけでなく，思いやりや愛情が求められる「感情労働」でもあるといわれる（Hochschild 1983）。

　上記の定義からも分かる通り，ケア労働の射程とする範囲は広い。子どもの世話や養育・教育，高齢者・障害者の介護や介助，傷病者の治療や看護はさることながら，他者ではなく自分自身のケア（セルフケア）や，掃除，洗濯，炊事などの家事活動もケア労働の概念の中に含まれる。学術的には，人と人との関係の中で交わされるものは直接的ケア，家事のような人に対する行為でないものは間接的ケアと分類されるが，実際のケア労働の場面においては明確に区別されるわけではなく，重なり合っていることも多い。

　また，ケア労働は，様々な場所で，様々な人によって供給される。保育所，病院，福祉施設，ケア受給者の自宅といった環境で，保育士，看護師，介護士など主に専門職による有償労働を通して供給されるケアは，フォーマルケアと呼ばれる。保育や介護に代表される医療・福祉・教育サービスがこれにあたる。フォーマルケアには，国・地方自治体の公的部門による供給もあれば，NPO法人などの非営利民間部門や株式会社

などの営利民間部門による供給もあり，その配分は国によって様々である。

　それに対して，家庭内や親族・地域コミュニティの中で供給されるケアは，インフォーマルケアと呼ばれ，家族，親族，知人などの無償労働によって支えられている。金銭的な報酬が発生しない育児，介護，家事などがこれにあたり，日本を含む国際的な傾向としてこうした労働の大部分が女性によって担われている。また近年，日本でも注目が高まっているヤングケアラー（日常的に親やきょうだいなど家族のケアを担う若年者）の存在も，国際的な課題として指摘される。無償のケア労働は，人が生きていくうえで，また家族が機能するために欠かせないものである。だが他方で，女性の経済的自立を阻み，若者から教育の機会や社会とのつながりを奪う側面もあることを理解しておく必要がある。

　近年，女性の労働市場への参加が進み，男女ともに仕事時間とケア時間の両方を確保することがますます難しくなっている。家庭内の無償労働のみで社会全体において必要なケアを供給することはほぼ不可能だ。さらに，少子化や寿命の伸長も相まって世界規模で人口の高齢化が急速に進んでいる。2060年にはOECD諸国全体の高齢化率は29.3％に達すると推計されるが，日本はさらにその先を行く38.1％で世界２位の高齢者大国である。韓国は高齢化率が40％を超え，世界一となると推計されている（内閣府　2022）。

　このような状況から，地球規模でケア不足が問題となり，必要とする人が必要なケアを受けることができない「ケア・クライシス」を迎える可能性に警笛が鳴らされている。私たちが生きていくうえで欠かせないケアであるが，社会全体でどのように分担してケアを供給していくのかという課題に多くの国が直面している。

2. ケア労働をめぐる国際動向

　各国では誰によって，どれくらいのケアが，どのように供給されているのだろうか。ここでは，子どもと高齢者に対するフォーマルケア，家庭内におけるインフォーマルケアに焦点を当てて，国際比較の視点から見ていこう。諸外国におけるケア労働の現状を概観することで，日本の特徴や課題も浮かび上がってくるだろう。

（1）子どもに対するフォーマルケア

　まず，各国ではどれくらいの子どもが家庭外でのケアサービスを受けているのか，就学前の子どもの就園率から見てみよう。図10 − 1の通り，0 〜 2歳では，韓国，オランダ，フランスなどで60％以上の子どもが就園している。日本は約35％であり，これはOECD平均よりも高く，ドイツやフィンランドと同程度である。3歳未満については，育児休業を取得できる期間や母親の労働市場参加の程度などの違いもあり，就園率は各国で異なっている。一方，3歳以上になると日本を含む多くの国でほぼ全ての子どもが就園している。

　近年，就学前からの質の高い教育やケアサービスが，家庭環境に左右されない人生の平等な機会を子どもに保障するとともに，外国ルーツなど多様な子どもの社会的包摂や女性の就労支援，少子化対策，貧困（の世代間連鎖）の削減など，幅広い社会的課題の解決に有効であるとして注目が高まっている。

　具体的な政策動向の一つに，就学前教育の一部を義務化する動きが見られる。例えば，オランダでは初等教育の開始年齢は日本と同じ6歳であるが，義務教育は就学前の5歳から開始される。フランスでは3歳になるとエコール・マテルネル（保育学校）と呼ばれる機関で幼児教育を

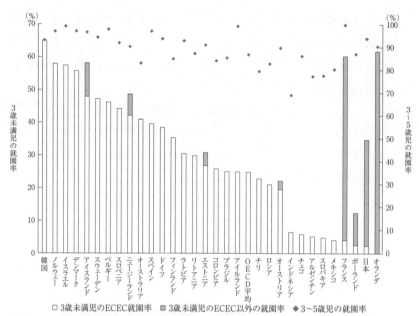

図10-1　就学前の子どもの就園率（2019年）
（出所）　OECD（2021a）より筆者作成。

受けることが一般的であったが，2019年度から義務化され，全ての子ど
もに3歳から教育を受ける機会を保障している。

　もう一つの動向としては，乳幼児期における教育とケアは分離すべき
ではないという理解の下，「Early Childhood Education and Care」
（ECEC）として教育とケアを統合した包括的なサービスを0歳から就
学前までの全ての子どもが継続して受けられるようにする動きがあり，
OECD諸国の約半数がこの方式を取り入れている。

　日本に目を向けると，3歳未満児の就園率自体はそれほど低くないも
のの，そのほとんどは国際的な基準に基づくECECサービスを受けて
いないという特徴がある。これまで議論されてきた幼稚園と保育所の二

元化はいまだ解消されず，さらに妥協案として両者の特徴を備えた認定こども園を新設したため，根拠法令も所管省庁も異なる3つの乳幼児期サービスが併存することになった状況は，前述のような国際的な政策動向からは逆の方向に進んでいるといえる。

　次に，子どものケアに従事する労働者の特徴や労働条件を見ていこう。デンマーク^(注1)，ノルウェー，アイスランド，ドイツ，トルコ，イスラエル，チリ，韓国，日本の9か国を対象とした調査^(注2)によると，3歳から就学までの幼児教育・ケア従事者（以下，「保育者」とする）の性別は，いずれの国においても9割以上を女性が占め，男性保育者がもっとも多いノルウェーでも7.6%にとどまる（OECD 2020；2019）。

　年齢層は，全体的に30〜49歳がもっとも多い。30歳未満が最も多いのは韓国で，保育者の4割以上を占める。日本は9か国の中では若手の保育者が比較的多い方であるが，平均経験年数は約13年であり，ドイツと並んで最も高い。また，経験が5年未満の保育者は24%で，ノルウェーに次いで2番目に低い。

　保育者の学歴や訓練については，日本では保育者の8割以上が短期大学ないし専門学校を卒業しており，また9割以上が養成課程や実習などの研修を修了している。一方で，学士レベル以上の最終学歴を有する保育者の割合は9か国中もっとも少ない（図10-2）。この傾向は特に園長・所長級の職位において顕著となっている。

　労働条件については，日本では保育者の76.2%がフルタイム勤務であり，ドイツ（43.1%）やノルウェー（65.8%）よりも高い。一方で，雇用形態は，保育者の8割以上が無期雇用であるドイツやノルウェーに比べて，日本は6割程度であり，韓国（24.1%）の次に低い。労働時間は，日本の保育者が50.4時間で最も長く，4人に1人は週58時間以上働いており他国に比べて顕著に長い。他方で，子どもと接する時間は各国で大

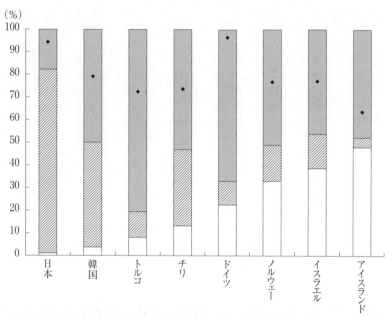

□ 高校卒業またはそれ以下　☑ 専門学校・短期大学等卒業　▩ 大学卒業またはそれ以上　◆ 事前研修の有無

図10-2　保育者の最終学歴および事前研修（2018年）
（出所）　OECD（2019）より筆者作成。

きくは変わらないため，日本の保育者は子どものケア以外の仕事に多くの時間を費やしていることが分かる（図10-3）。

　保育者の給与は，OECD 平均で，短期高等教育以上を修了した25～64歳の正規労働者の給与の8割程度であり，教育職の中でも最も低い水準である（OECD 2021a）。日本では，保育士の平均給与は月30.3万円で，全職種の平均給与（41.7万円）の7割程度とさらに低い。ただし，女性労働者に絞ってみると，保育士（30.2万円）と全職種（32.3万円）の差は小さくなる。

　一方，男性労働者のみで見ると，保育士（32.4万円）と全職種（46.8

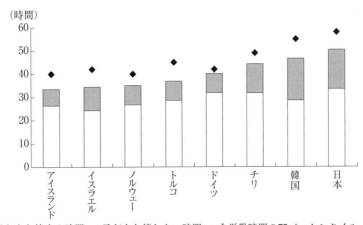

（時間）

□ 子どもと接する時間　■ 子どもと接しない時間　◆ 全労働時間の75パーセンタイル

図10-3　保育者の1週間当たりの平均労働時間（2018年）
（出所）　OECD（2019）より筆者作成。

万円）の差はさらに広がる（厚生労働省 2019）。労働市場全体における
男女賃金格差が，男性にとって保育者という職種をより選びにくくする
要因となっているといえる。保育者自身の給与に対する満足度は，いず
れの国でも40％に満たないが，その中でも日本は2割程度と最も低い部
類に入る（図10-4）。

　保育者自身が感じる社会的評価については，社会から評価されている
と感じる割合よりも，子どもや保護者から評価されていると感じる割合
の方が高くなっている。しかし，日本の特徴として，社会からの評価を
感じている保育者が約3割と最低であるうえ，各国で9割以上の保育者
が感じている子どもや保護者からの評価についても日本では6～7割に
とどまっている（図10-5）。

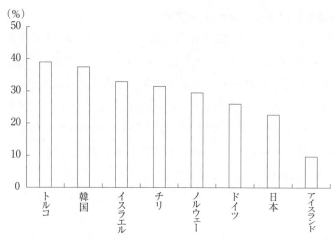

**図10-4　現在の給与に満足していると答えた保育者の割合
（2018年）**

（出所）　OECD（2019）より筆者作成。

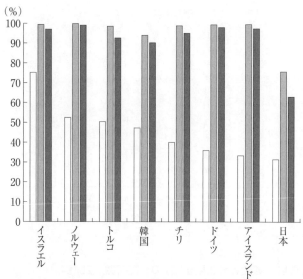

□保育者は社会的に高く評価されていると思う　　　■子どもたちは私を保育者として高く評価していると思う
■保護者は私を保育者として高く評価していると思う

図10-5　保育者が評価されていると感じる割合（2018年）

（出所）　OECD（2019）より筆者作成。

（2）高齢者に対するフォーマルケア

　2019年時点における高齢者（65歳以上）の介護サービス利用率は，OECD平均で約1割である。最も高いのはスイスで23.4％である。日本では介護保険制度の要介護・要支援認定を受けている高齢者は18.3％であり（2018年時点），OECDのデータと比較するとドイツ（18.4％），ノルウェー（15.1％）と同程度で，世界でもフォーマルケア利用率の比較的高い国に位置づけられる（OECD 2021b；内閣府 2021）。

　次に，高齢者のケアに従事する労働者（以下，「介護者[注3]」とする）について見ていこう。図10-6のとおり，高齢者100人当たりの介護者数は，ノルウェーで最も多く12人を上回る。日本は約7人でノルウェーの半分くらいであるが，OECD平均よりは高い。また，他の国を見ると，

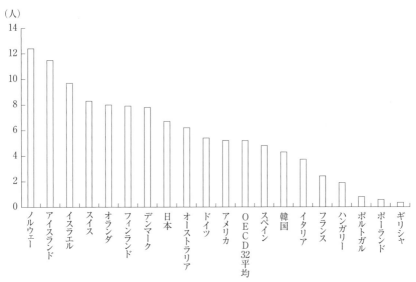

図10-6　65歳以上高齢者100人当たりの介護者数（2019年）
（出所）　OECD（2021b）より筆者作成。

ポルトガル，ポーランド，ギリシャなどでは 1 人にも満たず，介護人材の不足が深刻であるといえる。

保育者と同様に，介護者もほとんどの国において 9 割以上が女性である。OECD34か国中，男性の割合が最も高いのは日本で，約 2 割である。OECD 諸国における介護者の年齢の中央値は45歳で，国による違いはそれほどない。日本では介護者の42％が50歳以上である。

介護者の最終学歴については，日本では短期高等教育以上が37％で，イスラエル，ノルウェーに次いで 3 番目に高い。反対に，中学校卒業またはそれ以下は 4 ％ともっとも低い。国際的に見ると，日本の介護者は比較的学歴が高い人材であることが分かる（図10-7）。

労働条件については，OECD 平均で42％の介護者が短時間労働であ

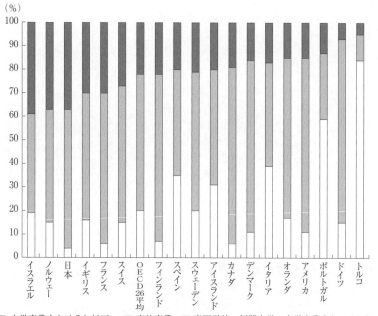

□ 中学卒業またはそれ以下　▨ 高校卒業　■ 専門学校・短期大学・大学卒業またはそれ以上

図10-7　介護者の最終学歴（2019年）
（注）　イスラエル，日本，カナダ，アメリカは2016年。
（出所）　OECD（2021b）より筆者作成。

り，オランダでは90％にも上る（ただし，短時間労働が日本のように「非正規雇用」であるとは限らない）。それに比べて日本では，短時間労働者は20％にも満たない。他方，日本では有期雇用者が40％を上回っており，もっとも高い（図10-8）。

　給与について見ると，図10-9の通り，介護者の年収はいずれの国においても労働者全体の平均年収よりも低い。医療従事者と比べても，ほとんどの国で介護者の年収の方が低い。ノルウェーだけが唯一，介護者の年収の方が医療従事者よりも高く，全労働者との差も小さい。このように介護者の給与水準は国によって異なるが，その中でも特に日本の介

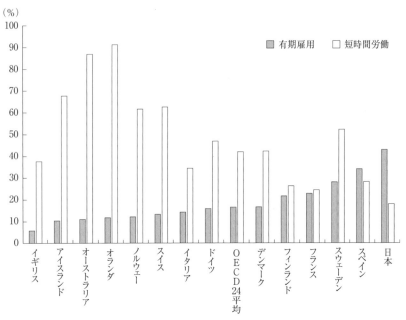

図10-8　介護者の雇用形態（2019年）
（注）　オーストラリア，日本は2016年。
（出所）　OECD（2021b）より筆者作成。

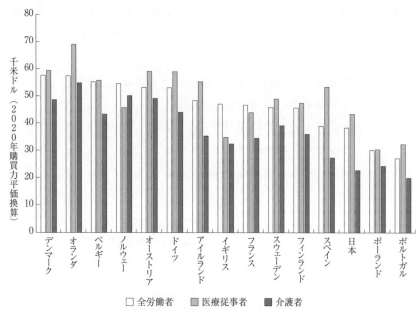

図10-9　介護者，医療従事者，全労働者の平均年収（2018年）
（注）　日本は正規職員の「通常月の税込み月収」を年換算した。
（出所）　Eurofound（2020），「平成30年度介護労働実態調査」「平成30年賃金構造基本統計調査」，OECD Employment and Labour Market Statistics より筆者作成。

護者の年収は，全労働者の平均年収の約 6 割と顕著に低いことが分かる。

（3）家庭内のインフォーマルケア

　最後に，家庭内で供給されるインフォーマルケアの現状を見てみよう。64か国を対象とした ILO の調査によると，男女が家庭内で無償のケア労働に費やす時間は国によって差があるが，女性の方が男性よりも長い時間を費やしている点は各国に共通している。また，特に男性の無償ケ

ア労働時間は国による差が大きく，日本の男性（１日当たり77分）はスウェーデン（194分），ノルウェー（180分）の男性の半分にも届かない（ILO 2018）。

図10‐10の通り，家庭内における無償のケア労働を男女間で平等に分担することを達成している国はまだないが，先述のスウェーデン，ノルウェーなどではかなり平等に近づいてきている。日本ではこれらの国の約５倍のジェンダー・ギャップが残っている。ただし，スウェーデンやノルウェーにおいても，子どもや高齢者に対するフォーマルケア労働に

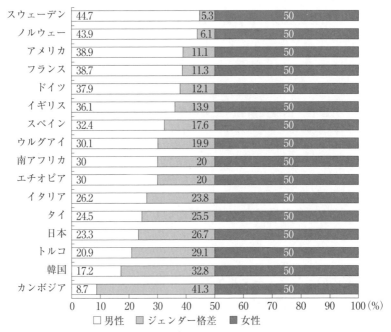

図10‐10　家庭内の無償労働におけるジェンダー・ギャップ
（注）　各国のデータは2010年以降で最新年のもの。
（出所）　ILO（2018）より筆者作成。

おいては，そのほとんどが女性によって担われている点には注意が必要
である。北欧諸国においても社会全体でケア労働を見ると，ジェン
ダー・ギャップはいまだ解消されていないといえる。

3. ケア・クライシスを乗り越えるために

　ここまで，どのようなケア労働が，どのような人々によって，どのよ
うな条件下で供給されているのかをデータを通して見てきた。そこから
分かることを2点にまとめると，第1に，ケア労働はフォーマル，イン
フォーマルにかかわらず圧倒的に女性（特に中年層の女性）によって供
給されている。家庭内におけるインフォーマルケアの提供時間が男女で
平等に近づきつつある北欧諸国においても，フォーマルケアは「女性労
働」の域を出ていないことは興味深い。

　第2に，子ども・高齢者にフォーマルケアを提供する労働者の労働条
件は，特に給与面で低水準である。これはケア労働の社会的評価の低さ
とも表裏一体であると考えられる。その中でも特に日本は，学歴や訓練
の面から見ると比較的質の高い人材であるにもかかわらず，他国に比べ
て有期雇用が多く給与が低い，労働時間が長い，社会的な評価を感じら
れない，といった様々な側面で深刻な課題を抱えている。

　このままの状態でケア・クライシスを迎えることになれば，おそらく
日本のケアは崩壊するだろう。必要なときに，必要なケアが，必要な人
に届く社会であるために，どのような政策の方向性が示されるべきだろ
うか。ケアは，全ての人が享受すべき「社会的権利」であるという視点
から，これを「ケアされる権利」「ケアを分担する権利」「ケアする権利」
という3つの側面に整理しながら考えてみよう。

　まず，全ての子どもと大人に「ケアされる権利」を保障することが大
切である。例えば，日本では待機児童問題がいまだ解消されず，2021年

時点で5千人以上，隠れ待機児童は6万人を超える。しかし，国際的には質の高い幼児教育・保育サービスが子どものウェルビーイングや発達，学習に良い影響を与えるという共通理解が築かれつつあり，47か国を対象とした国際的な調査では，32か国で，幼児教育・保育を受けることを「子ども自身の権利」として法的に保障している（Koslowski et al. 2022）。

　また，欧州連合（EU）は2017年に採択した「欧州社会権の柱（European Pillar of Social Rights）」の中で，全ての人が良質で手頃な価格の教育・保育，介護サービスを受ける権利を有すると明記し，これに基づいて各国の法整備や実態を継続的にモニタリングしている。日本では，保育や介護は「ケアする人」の負担を軽減するという視点からの議論になりがちだが，ケアを受ける本人の権利を守るという視点を中心に供給体制を整えていく必要がある。

　次に，「ケアを分担する権利」は特にこれまで多くのケア責任を担ってきた女性にとって大切である。日本ではいまだに約半数の女性が出産を機に退職する。また介護・看護を理由に毎年約10万人が離職し，その約8割が女性である。これは，主に女性が担ってきたケア労働が社会全体で十分に分担されていないことの表れである。

　この克服にはフォーマルケアの拡充が欠かせない。特に介護の分野では外国人材の活用が進められようとしているが，諸外国の事例では労働条件のさらなる悪化につながるケースも見られる。フォーマルケア労働者全体としての待遇を改善することが急務である。

　最後に，男性と女性のいずれにも「ケアする権利」が保障されなければならない。これまで女性にケア責任が偏ってきたことは，裏返せば，男性は「ケアする権利」から排除されてきたということである。さらに，男性の「ケアする権利」が保障されなければ，子どもの「父親からケア

される権利」が剥奪されることになる。

　子どもの成長過程や，親，配偶者，親しい友人などとともに歳を重ねていく過程はどの瞬間も一生に一度しかない。必要なときに，大切な人との大切な時間を一緒に過ごすことを主体的に選択でき，その選択に社会的・経済的不利益が伴わないようにしなければならない。現在，育児・介護休業の拡充は進められているが，普段の生活の中で仕事とケアを無理なく両立できる，労働市場からいったん退出したとしてもまた戻れるといった環境を整備することが求められる。また，ケアをする人も「ケアされる権利」を有していることも忘れてはならない。子育てのサポートや，介護などから離れて休息するレスパイトなどの支援が重要である。

　このようにケアに関する3つの権利は全てつながっており，どれか一つでも欠けると成り立たない。「ケアを分担する権利」を十分に保障せず，「ケアされる権利」「ケアする権利」だけが強調されると，ケア労働は個人や家族の責任に逆戻りとなってしまうことには，特に注意が必要である。

　ケアという行為の本質は，相手を思う（caring）ことであり，人が生きていくうえで欠かせない。ケアを単なる「負担」という枠組みに閉じ込めずに，全ての人がケアを与え，受け取り合っているという視点から，ケアの社会的価値を見直していくことが必要だろう。誰もが何らかの形でケア労働に携わることを前提とした労働市場，社会をつくっていくために，社会政策は資金，資源，時間をどう配分するかについて考えていかなければならない。

[注]

1 デンマークについては回答率が低くデータの比較可能性を担保できないため，ここでは言及しない。

2 日本版調査は，認可を受けた国公立・私立幼稚園，公立・私立保育所，公立・私立認定こども園で働く保育者を対象としている。

3 OECD のデータには施設介護・訪問介護サービス提供に携わる看護師も含まれるが，全体の7割以上は介護者が占める。

参考文献

Eurofound (2020) *Long-term care workforce: Employment and working conditions*, Publications Office of the European Union, Luxembourg

Hochschild, A. R (1983) *The managed heart: Commercialization of human feeling*, Berkeley: University of California Press（石川准・室伏亜希訳 (2000)『管理される心——感情が商品になるとき』世界思想社）

ILO (2018) *Care work and care job for the future of decent work*, International Labour Office, Geneva

内閣府 (2021)『令和3年版 高齢社会白書』

内閣府 (2022)『令和4年版 高齢社会白書』

Koslowski, A., Blum, S., Dobrotić, I., Kaufman, G. and Moss, P. (2022) International Review of Leave Policies and Research 2022. http://www.leavenetwork.org/lp_and_r_reports/（確認日 2022.9.30)

厚生労働省 (2019)「令和元年 賃金構造基本統計調査」

OECD (2021a) *Education at a Glance 2021: OECD Indicators*, OECD Publishing, Paris

OECD (2021b) *Health at a Glance 2021: OECD Indicators*, OECD Publishing, Paris

OECD (2020) *Building a High-Quality Early Childhood Education and Care Workforce: Further Results from the Starting Strong Survey 2018*, TALIS, OECD Publishing, Paris

OECD (2019) *Providing Quality Early Childhood Education and Care: Results from the Starting Strong Survey 2018*, TALIS, OECD Publishing, Paris

11 | 働き方改革の国際動向

田中弘美

《目標＆ポイント》 働き方改革の重要性が高まっている。雇用の質をめぐる概念，欧州の働き方に関する法制度の動向についてオランダ，イギリスの事例などを通して理解する。最近の動向として，新しい働き方の登場とその政策的対応について考える。
《キーワード》 ディーセントワーク，柔軟な働き方，ギグワーク，フレキシキュリティ

---

1. 働き方をめぐる日本の動向

少子高齢化が進む日本において，将来的な労働人口の減少への対応は差し迫った課題である。女性や高齢者の就業促進や，外国人労働者の受け入れなどの政策も進められているが，まず本腰を入れて取り組まれるべきは働き方の改善だろう。

日本の長時間労働は深刻な問題であり，過労死という日本語がそのまま「karoshi」とローマ字表記で国際社会でも使用されるほどである。残業あり，勤務地限定なし，職務限定なしのいわゆる「無限定正社員」を中心とする日本的雇用慣行は，育児・介護や病気治療など多様なニーズを持つ労働者を雇用システムの中核から締め出し，他方でそこに残らざるをえない人々にはメンタルヘルスの悪化や仕事以外の居場所の喪失といった深刻な影響をもたらしてきた。

国際的な調査では，日本の労働者は仕事への満足度が低く，ストレス

が大きいことが明らかになっており（ISSP 2005；2015），労働生産性は主要7か国（G7）の中で最も低い（日本生産性本部 2021）。また，非正規雇用の増加は労働者の経済的基盤を脆くし，家族形成の回避や出生率低下にもつながっている。多くの人が幸せに働けていない状況が，日本の経済・社会において長らく停滞が続いている大きな要因であるといえよう。

　こうしたことを背景に，政府は2016年「ニッポン一億総活躍プラン」で，働き方改革を「『一億総活躍社会』の実現に向けた最大のチャレンジ」と位置づけた。取り組みにあたって，当時の安倍首相は「働き方改革実現推進室」の開所式で「世の中から『非正規』という言葉を一掃していく。そして，長時間労働を自慢する社会を変えていく。かつての『モーレツ社員』，そういう考え方自体が否定される。そういう日本にしていきたい」と述べていた。

　さらに，2018年には「働き方改革を推進するための関係法律の整備に関する法律」（いわゆる働き方改革関連法）が成立し，①長時間労働の是正，②雇用形態にかかわらない公正な待遇の確保に向けて2019年4月から順次施行されている。

　具体的な内容としては，①について，時間外労働に月45時間，年360時間（注1）の上限規制を導入し，違反した場合には6か月以内の懲役または30万円以下の罰金という罰則が設けられた。また，終業・始業時刻の間に一定時間の休息を確保する勤務間インターバル制度の普及促進も努力義務として規定された。②については，正規・非正規雇用間の不合理な待遇差を禁止し，企業に説明義務を課すとともに，「不合理」の基準を示すガイドラインが策定された。

　政府が労働時間や雇用形態による格差の問題に取り組む姿勢を示したことは一歩前進といえるが，課題も多い。総務省の調査によると，2019

年４月以降も月80時間超の残業をした人が推計で約300万人，さらに「過労死ライン」とされる月100時間超の残業をした人も月平均で170万人に達していた（日本経済新聞2020年１月20日付朝刊）。勤務間インターバル制度についても，2021年時点で導入している企業は５％未満であり，普及しているとはいえない（厚生労働省 2021）。

　非正規雇用の待遇改善についても，あくまで「不合理」な待遇格差を是正するという内容にとどまる。逆にいえば，「合理性」が説明される場合には待遇差は維持されるということになる。この点において完全な同一労働同一賃金を求めるものではなく，また罰則規定もない。

　実際，非正規従業員らが平等待遇を訴えたいくつかの訴訟では，「手当や休暇の格差は不合理」「賞与・退職金なしは不合理ではない」といった異なる判決が出されており，合理・不合理の線引きをめぐる議論に終始することが懸念される。企業の中には正社員の待遇を引き下げることで格差縮小を図ろうとする動きも見られ，それでは本末転倒である。

　このように，日本の働き方改革はようやくスタートラインに立ったところであるといえよう。日本が抱える働き方の問題を根本的に解決できるかは，働き方改革が今後どのような方向に向かっていくかにかかっている。労働や働き方をめぐる国際的な動向を概観することで，日本におけるこれからの政策的方向性を検討するヒントを得られるはずだ。

2.　働き方改革の国際動向

（1）ディーセントワーク（decent work）

　働き方に関する国際標準を考えるうえで重要な概念として，ディーセントワークがある。1999年の第87回 ILO 総会でフアン・ソマビア事務局長（当時）によって提唱された概念で，ILO の活動の主要な目標に位置づけられている。「decent」とは「普通の基準に達している，適正な」

という意味であるが，それ以外にも身だしなみや人格も含めて「きちんとしている，品の良い」という意味や「人並みに，まずまずの」というニュアンスもある奥深い英単語である。

　それに合致する単語がないため，日本ではカタカナ表記のまま用いられるか，「働きがいのある人間らしい仕事」と訳されることが多い。そういわれてもまだ漠然としている。しかし，国連の持続可能な開発目標（SDGs）でも「2030年までにディーセントワーク，同一労働同一賃金を達成する」ことが掲げられており，ますます注目は高まっている。

　なぜ，それほどまでにディーセントワークが大事なのか。それは，ディーセントワークが労働の「中身」を問う概念であることと関係している。つまり，就労を第一義的目的とするのではなく，その就労を通して人間としての尊厳が保たれるかという点が重要となる。したがって，仕事があること（雇用の「量」）は当然の前提として，仕事において労働者の権利が保障され，十分な収入を伴い，労働の中断に対して社会的な保護が得られるといった，雇用の「質」を含めた改善を目指すのがディーセントワークである。

　ディーセントワークの視点で働き方改革を捉え直すと，労働時間をはじめとする働き方の柔軟性を高めることは重要であるが，それと引き換えに賃金が下がったり，社会保障の権利を失ったりするなど，雇用の質の劣化を伴ってはならないということになる。日本のこれまでの雇用政策は，より自由な働き方を標榜してパートや派遣などの非正規雇用を広めてきたが，「雇用身分」（森岡　2015）と称されるほど雇用の質における正社員との格差は歴然であり，その意味でディーセントワークの目標からはかけ離れたものであったといえる。

　一方，欧州ではディーセントワークという用語が国際的に提唱される以前から，雇用の質を担保しながら働き方の柔軟性を高める方向性が目

指されてきた。欧州連合（EU）は労働規制に関する様々な「EU指令」
を発令しており，加盟国はこれに基づき国内法を整備する義務を負うた
め，EU圏内の雇用の質を一定水準に保つ役割を果たしている。働き方
改革に関連する主な指令には，以下が挙げられる。

・労働時間指令（1993年）
・パートタイム労働指令（1997年）
・有期労働指令（1999年）
・派遣労働指令（2008年）
・ワーク・ライフ・バランス指令（2019年）

　例えば「労働時間指令」では，労働時間を週48時間以内（時間外労働
を含む）と定め，24時間ごとに連続11時間以上の休息，7日ごとに連続
35時間以上の休息を確保すること，4週間以上の年次有給休暇を付与す
ることなどの基準を規定している。また「パートタイム労働指令」では，
雇用形態による不利益取扱いの禁止，働いた時間に応じてフルタイム労
働者と差異のない処遇を受ける均等待遇，フルタイム労働との相互転換
の促進などを規定しており，これは有期・派遣労働についても同様であ
る。

　2019年に発効された「ワーク・ライフ・バランス指令」は，育児や介
護を担う労働者の権利として，従前の育児休業指令の内容を拡充したも
のである。父親休暇に関する最低基準（10日間，法定傷病手当相当の手
当を支給），8歳までの子どもを持つ親および介護者にテレワークや短
時間勤務など柔軟な働き方の申請権を付与することなどが新たに盛り込
まれた。

　これらの指令は，あくまで最低基準を定めているものであるため，そ
れ以上に充実した内容で国内法を整備することは加盟国の裁量に委ねら
れている。そこで以下では，働き方の選択肢や柔軟性に関して国内法を

176

表11-1　主要国における就業者の状況（2018年）

| | 1人当たり平均年間総実労働時間 | 長時間労働者の割合（％） | | | 時間当たり労働生産性（USドル，PPP換算） | パートタイム労働者の割合（％） | | |
		全体	男性	女性		全体	男性	女性
アメリカ	1,786	19.2	23.6	14.2	70.7	12.7	8.4	17.2
日本	1,680	19.0	27.3	8.5	46.9	23.9	12.7	38.3
イギリス	1,538	11.5	16.7	5.7	59.5	23.2	11.4	36.4
フランス	1,520	10.1	14.0	6.0	67.2	14.0	7.1	21.4
スウェーデン	1,474	6.3	8.7	3.6	68.7	13.7	10.3	17.4
オランダ	1,433	8.0	12.3	3.1	67.9	37.3	19.2	58.0
ドイツ	1,363	8.1	12.0	3.7	66.4	22.0	9.3	36.6

（注）　長時間労働：週49時間以上，パートタイム労働：週30時間未満。
（出所）　労働政策研究・研修機構（2019），「時間当たり労働生産性」はOECD「GDP per hour worked」（2018）より筆者作成。

充実させてきたオランダとイギリスに着目してみよう。なお，表11-1の通り，オランダは年間総実労働時間が日本より300時間少ないが，労働生産性は日本よりもはるかに高い。イギリスも，日本より労働時間は短いが，労働生産性は高い。ただし，他の国々よりは日本の現状に近い存在として位置づけられる。

（2）オランダ

　オランダはパートタイム労働先進国として名高く，表11-1の通り，2018年時点で就業者の37.3％がパートタイム労働である。男性のパートタイム労働率も19.2％と主要国の中では最も高い（ただし，女性のパートタイム労働率は58.0％とさらに高い）。オランダ国内では週35時間未満の労働がパートタイムと定義されるため，その定義に照らすと51.3％と就業者の実に過半数がパートタイム労働である。また，フルタイムの

仕事が見つからず仕方なくパートタイムで働くという非自発的パートタイム労働者は少ない。つまり，男性も女性も，比較的自由にパートタイム労働を選択しながら，短い労働時間で高い生産性を創出しているといえる。

　オランダにおけるパートタイム労働は，経済不況の中で締結された1982年のワッセナー合意を契機として，賃金の上昇を抑制するかわりに労働時間を短縮して失業を抑える，すなわちワークシェアリングの意図を背景に促進されてきた。1990年，オランダ労働組合連盟はフルタイム雇用を基準とする方針を廃止し，いくつかの法改正を経て失業給付金の受給を可能にするなどパートタイム労働者の待遇が改善された。

　1993年には，それまで最低賃金法の適用除外となっていた週12時間未満の労働者に対しても最低賃金法が適用されるようになった。さらに1996年「労働時間による差別禁止法」によって，賃金，手当，ボーナス，休暇，企業年金，職業訓練など労働条件の全てにわたってフルタイム就労者と均等な待遇を受ける権利が保障された。

　2000年には「労働時間調整法」が制定され，労働者は時間当たり賃金を維持したまま，労働時間の短縮・延長を申請する権利が保障された^(注2)。これは2015年に「フレキシブルワーク法」として改正され，労働時間だけでなく働く時間帯や就業場所についても変更の申請ができるようになった。育児や介護という理由に限らず，全ての労働者に与えられる権利であることも特徴的である。

　こうした法制度の整備を経て，オランダにおけるパートタイム労働は「非正規・非典型」の労働ではなくなった。パートタイム労働は規定された1日または1週間の労働時間より短い就労時間で合意している正社員としての仕事であり，多くの人が選択する「標準的な」働き方となっている。理由に関係なく労働時間を比較的自由に選択でき，その選択に

178

も同一労働同一賃金はもちろん，労働条件の全てにおいて均等待遇が保障される。オランダの事例は，働き方の柔軟性を高めることが雇用の質の劣化に必ずしもつながらないことを示している。

（3）イギリス

　イギリスでもEU指令の発効を受けて，1998年に国内初の「労働時間規制」が導入された。また，2000年には「パートタイム労働規制」が整備され，パートタイム労働者には不利益取扱いを受けた場合，その理由についての回答を使用者から受ける権利および雇用審判所に提訴する権利が与えられた。

　イギリスはもともと欧州の中では労働時間が長く，ワーク・ライフ・バランスについても後進国であった。というのも，イギリスでは労働に関することは労使間の自主的な決定に委ねるべきことであり，政府が積極的に介入すべきではないという考え方が強かったからである。しかし，1997年に成立したブレア労働党政権は政治主導による働き方改革を進めた。

　その目的としては，純粋なディーセントワークの実現というよりも，政府の子どもの貧困撲滅という目標に対する最善の方法として親の就労促進を位置づけたことや，働き方の柔軟性を高めることによる生産性向上への期待などが背景にあった。とはいえ，これを契機にイギリスでも多様な働き方を推進する法制度が整えられていく。

　2003年に「柔軟な働き方」制度が導入され，労働者に柔軟な働き方を申請する権利が保障された。申請を受けた雇用主は真摯に検討する義務を負う。雇用主は申請を拒否することも認められているが，その場合は業務への影響に関する合理的理由を書面で提示しなければならない。

　イギリスの「柔軟な働き方」制度には3つの大きな特徴がある。1つ

目は，表11 - 2の通り，対象となる労働者の範囲を少しずつ拡大して
いったことである。導入当初は，6歳未満の子どもを持つ親（子どもに
障害がある場合は18歳未満）に限定されていたが，改正を重ねるごとに，
青年期の子どものいる親や介護者に範囲を拡大し，2014年に全ての労働
者を対象とする制度に発展した。

　筆者が2015年に実施した政策立案関係者へのインタビュー調査では，
法制化の過程の議論において労働組合は初めから「全ての労働者」を対
象とすることを求めていたことが分かった。しかし，反対する使用者団
体との交渉を通して，現実可能な範囲から始め，実施状況をモニタリン
グしながら徐々に拡大していくという戦略がとられた。使用者団体は当
初，労働者の多くが一斉に働き方を変更したら企業は対応できないとの
懸念を表明していたが，モニタリングの結果そのような状況は見られず，
10年という歳月をかけて誰もが利用できる権利となった。

　2つ目の特徴は，適用となる企業を大企業に限定せず，初めから中小
企業を含めて実施したことである。その背景には，企業規模によって労

表11 - 2　「柔軟な働き方」制度の内容と変遷

施行年	2003年	2007年	2009年	2014年
適用対象	6歳未満の子どもを持つ親（障害児は18歳未満）	全ての介護・看護者	17歳未満の子どもを持つ親	全ての労働者
内容	柔軟な働き方を申請する権利			
使用者の権限	適正な手続きを経て，業務への影響に関する合理的理由を提示すれば拒否できる			
労働者の権限	申請の検討過程（結果ではなく）に対して不服申立てができる			
対象企業	全企業			

（出所）　田中（2017）p.143より作成。

180

働者が得られる権利に格差ができることで，優秀な人材が集まらず，より待遇のよい企業に移動していってしまうという懸念が小規模企業団体の中にあったといわれる。また実際の運用においては，労務管理が柔軟に行える，従業員との距離が近いなど，多様な働き方を整えるうえで企業規模が小さいことの利点もあることが分かった。

　3つ目の特徴は，表11-3のように「柔軟な働き方」として労働時間の変更だけでなく，多様な働き方から自身の状況に合わせて選択できることである。政府の調査では，2013年の時点ですでに97％の企業で1形態以上の柔軟な働き方が実施されていた（BIS 2014）。

　このように，イギリスにおける「柔軟な働き方」制度は，ケア責任の

表11-3　「柔軟な働き方」に含まれる就業形態

パートタイム労働	週30時間未満の労働。
フレックスタイム	勤務時間を労働者が決定する（通常は一定のコアタイムを含む）。 働いた時間分の賃金が支給される。
期間限定労働時間短縮	連続した一定の期間，労働時間を短縮し，その後通常の時間に戻す。
在宅勤務	労働時間の全部または一部を自宅で行う。
圧縮労働時間制	通常よりも短い期間内での総労働時間数を契約する。 週5日勤務から4日勤務に変更するが総労働時間は同じ（5日分）など。
年間労働時間契約制	年間の総労働時間数を契約してそれに基づき週の労働時間を決定する。
ジョブ・シェアリング	パートタイム契約を結んだ2人の労働者が1つのフルタイムの仕事を分担する。
学期間労働	子どもの学校の休暇中は無給休暇を取得できる。

（出所）　DTI（2003）より筆者作成。

ある労働者の仕事と家庭の両立（ワーク・ファミリー・バランス）を確保するという目的を優先させながら，徐々にその範囲を広げ，多様な事情を抱える全ての労働者に対する権利保障，すなわち「ダイバーシティー」の尊重へと展開していった。

　日本でも新型コロナウイルス感染症拡大を機にテレワーク（在宅勤務）への注目が高まったが，普及率は20％程度にとどまっており^(注3)，業種や職種間の格差も大きい（総務省 2021）。イギリスでも同様の課題が解消されたわけではなく，働き方を労働者が主体的に選択することを，いかにユニバーサルで実質的な権利に近づけていけるか模索が続いている。

3.　新たな働き方と政策的対応

　近年，新たな働き方として注目されるのが「プラットフォームワーク」である。アプリなどのプラットフォーム（情報基盤）を通じて，企業からの仕事を個人に仲介する。企業にとっては，外部委託したい業務に対して機敏かつ柔軟に人材を確保できる，雇用コストが安いといった利点がある。個人にとっては，都合のよい時間に働くことができる，自分の能力や好みを生かして収入を得られるといった利点があり，隙間時間に副業として行うことも可能である。

　プラットフォームを活用して，インターネット経由で単発の仕事を請け負う労働者を「ギグワーカー」と呼ぶ。「ギグ」とはもともと音楽業界の用語で，ライブハウスなどでミュージシャンが1回ごとの契約で演奏し報酬を得ることを意味する。新型コロナウイルス下で料理宅配サービスの配達員という仕事が注目されたが，そのほかにも，ライドシェアなどの送迎サービスの運転手や家事代行サービスから，単発のプロジェクト限定で仕事を受けるITエンジニア，デザイン・映像制作，さらに

は法務や会計などのいわゆる高度専門職まで，幅広い分野に広がっている。

　このような働き方は世界的に広がっているが，特定期間の就業の有無を調査する日本の従来型の統計では全貌を捉えることが難しい。広義のフリーランス（副業や自営業）も含めるとアメリカでは5千万人，日本でも1千万人を超えるという調査もあり（ランサーズ「フリーランス実態調査2021」），日本でもこれからさらに増えていくと考えられる。皮肉なことに，働き方改革関連法の施行で社員に残業をさせることが難しくなった企業による業務の外注の増加もこれを後押しすると見られている。

　ギグワークという働き方は，雇用契約を結ばない点に特徴がある。従業員としてではなく個人事業主として仕事を請け負うため，最低賃金，残業代，労働災害といった労働関係法令の適用を受けられず，不安定な働き方となる。さらに，発注元の企業のルールに従うなど実質的な雇用関係にあると見られるケースにおいても，従業員が享受する基本的な保護が及ばないことが問題となっている。

　こうした状況を受けて，世界各国でギグワーカーの雇用に対する保護を拡充する動きが見られる。2020年1月には，アメリカ・カリフォルニア州で，個人請負の定義を厳格化し，これに当てはまらない労働者は従業員として扱うよう企業に義務づける州法が施行された。2021年2月イギリスでは，最高裁がライドシェアの運転手を「ワーカー（就労者）」（被用者と自営業者の中間的概念）と認定し，最低賃金以上の報酬や有給休暇の保障，年金制度への加入などの保護対象とする司法判断が出された。

　2021年5月，スペインでも料理宅配サービスの配達員を従業員とすることを義務づける法令が施行された。同年9月には，アメリカ・ニュー

ヨーク市で料理宅配サービスの配達員の待遇を改善する法案が可決され，2023年までに最低賃金を設定することが決まった。同様の動きは，ドイツ，シンガポール，韓国などでも見られる。

　さらに，2021年12月，EU の欧州委員会は「プラットフォーム労働指令」に関する法案を公表した。①企業側が報酬の水準または上限を決定する，②服装や行動などに拘束力のあるルールを設ける，③電子的手段で労働状況を監督する，④労働時間や休暇取得の自由を制限する，⑤顧客基盤の構築や第三者のために働く可能性を制限する，という５つの基準を設定し，少なくとも２つが当てはまれば雇用関係と認められる。法案が可決されれば，企業は最低賃金や有給休暇の保障など，雇用主としての義務を負うことになる（European Commission 2021）。

　以上のように，柔軟性の高い新たな働き方に対しても一定水準の安全性を担保していくことが国際的な潮流である。日本政府も2021年３月にフリーランス保護のガイドラインを策定し，法制化を目指しているが，そもそもの正社員労働者と自営業者や非正規雇用者との社会保障の格差が大きい。例えば，会社員や公務員が入る健康保険には疾病に対する傷病手当金があるが，非正規雇用で働く人，自営業者や個人事業主の多くが加入する国民健康保険では給付されないなどが挙げられる。

　日本が欧州の取り組みから学ぶべき点は，雇用・働き方の柔軟性（フレキシビリティ）は，安全性（セキュリティ）とセットで推進されなければならないということだ。EU ではこの２つを掛け合わせた「フレキシキュリティ」という概念が労働市場政策の柱をなしており，雇用の柔軟性を高めることには，労働者の保護と職業訓練などの生涯教育の充実が伴わなければならないという考えが確立されている。働き方改革を通して，日本においても，労働者がより自由に，より安心して働けるディーセントワークの実現を目指さなければならない。

184

[注]

1 臨時的な特別の事情がある場合でも年720時間，月100時間，2〜6か月平均80時間の上限規制。

2 従業員10人以上の企業に適用される。労働者がその企業に1年以上雇用され，かつ過去2年間に労働時間の変更を求めたことがないことが要件となる。雇用主は経営問題等の深刻な事情を証明できない限りこれを拒否できない。

3 イギリスでは新型コロナウイルス感染症拡大以前のテレワーク普及率が約25％で，コロナ下では55％に上った（森 2020）。

参考文献

Department for Business, Innovation & Skills: BIS（2014）*The Fourth Work-Life Balance Employer Survey*（2013 edition）

Department of Trade and Industry: DTI（2003）*Flexible Working: The Right to Request and the Duty to Consider: A Guide for Employers and Employees*

European Commission（2021）*Proposal for a DIRECTIVE OF THE EUROPEAN PARLIAMENT AND OF THE COUNCIL on improving working conditions in platform work*, COM/2021/762 final

International Social Survey Programme: ISSP（2015）*Work Orientations IV*

International Social Survey Programme: ISSP（2005）*Work Orientations III*

厚生労働省（2021）「令和3年就労条件総合調査　結果の概況」

森健（2020）「新型コロナウイルスと世界8か国におけるテレワーク利用：テレワークから『フレックスプレイス』制へ」野村総合研究所

森岡孝二（2015）『雇用身分社会』岩波書店

日本生産性本部（2021）「労働生産性の国際比較2021」

労働政策研究・研修機構編（2019）『データブック国際労働比較』

総務省（2021）『令和3年版 情報通信白書』

田中弘美（2017）『「稼得とケアの調和モデル」とは何か──「男性稼ぎ主モデル」の克服』ミネルヴァ書房

12 | ジェンダー視点で見る 税・社会保障改革

田中弘美

《**目標＆ポイント**》 女性活躍推進が叫ばれる中，日本はいまだジェンダー平等後進国であり，女性の就労をめぐる課題も多い。税・社会保障制度の国際比較を通して，諸外国の現状と日本の課題について理解する。
《**キーワード**》 男性稼ぎ主モデル，個人モデル，配偶者控除，第3号被保険者制度

1. 女性活躍を阻む「男性稼ぎ主モデル」

　女性活躍が日本経済の成長戦略の柱に位置づけられて久しい。2015年には「女性の職業生活における活躍の推進に関する法律」（女性活躍推進法）が10年間の時限立法として成立し，2016年4月から施行された。企業に対して数値目標や行動計画の策定および情報公開を義務づけ，女性の就労を促進しようとするものである。しかし，現実は政府の呼号には追いついていない。1992年以降，共働き世帯が専業主婦世帯を上回るようになったが，諸外国と比べると男女の就業率の格差はまだ大きい。また，女性就業者の約半分が第1子出産を機に仕事を辞めるという状況も解消に至っていない。

　世界経済フォーラムが毎年公表しているジェンダー・ギャップ指数は，2022年時点で146か国中116位と主要先進国（G7）で圧倒的な最下位であり，その中でも経済と政治分野への女性参加が突出して低い。さらに，

日本のひとり親世帯の貧困率は2018年時点で48.3％と，OECD 諸国で最悪の水準である。ひとり親世帯の約９割が母子世帯であることから，女性の貧困の深刻さと子どもへの影響が懸念される（OECD 2021；内閣府 2021）。

　このような現状に対して，雇用機会の均等やライフコースの選択の自由は保障されているのだから，非正規雇用で働くことも，離婚してひとり親になることも個人が自由に選択した結果であり，その選択に付随する貧困リスクも個人の責任で引き受けるべきという声も聞かれる。しかし，本当にそうだろうか。

　「夫は外で働き，妻は家庭を守る」という性別役割分業に基づく家族モデルは，産業革命以降の近代社会の産物であり，日本では高度経済成長を背景に1950年代後半以降に広まったものに過ぎない。つまり，経済や人口規模が拡大していく過程で，男性は一家の大黒柱として家族を養い，女性は家庭で家事・育児に従事する家族形態が存続できる条件が，一時的にたまたまそろっていたというだけなのである（落合 2019）。

　では，なぜこの家族モデルが半世紀を経てもなお，影響力を持ち続けているのだろうか。それは，税や社会保障のあり方においてどのような家族モデルを前提とするかによるところが大きい。戦後，日本を含め多くの国の社会保障制度の礎石となった「ベヴァリッジ報告」（1942年）では，夫は外で働き妻は家庭を守るという，いわゆる「男性稼ぎ主モデル」が明確に想定されていた。

　「ベヴァリッジ報告」において既婚女性は，夫の拠出に基づいて社会保障の受給権を得る被扶養の存在として位置づけられている。結婚後も働き続ける場合，自身で保険料を拠出することも選択できた。しかし拠出しても，失業や疾病によって所得が中断した際に男性労働者と同じ所得補償の必要性は認められず，減額給付とされた。その根拠は，主婦に

はその夫の稼得や給付によって支えられている家庭があるからというものである。

　こうして多くの国で「男性稼ぎ主モデル」を中心とした社会制度が形成されていく時代が続いたが，他方ではいち早くそこから離脱して新たなジェンダー規範とそれに基づく社会制度の実現を目指す国もあった。スウェーデンをはじめとする北欧諸国がその典型であるが，労働力不足を背景とする女性の労働参加の促進，ジェンダー平等を求める女性運動の強さ，政治における選択などがその道を後押ししたと考えられている。

　スウェーデンの社会政策学者のダイアン・セインズベリは，これを「男性稼ぎ主モデル」から「個人モデル」への移行として説明している（Sainsbury 1996）。「男性稼ぎ主モデル」では，性別役割分業に基づき課税や社会保障の拠出・給付が世帯単位で行われるため，女性は男性労働者から派生する副次的な受給権しか得られない。それに対して，「個人モデル」では課税や社会保障を個人単位で行うことで，女性は自分自身の就労や市民権を通して受給権を得られるようになる。

　さらに「個人モデル」の社会では，雇用・賃金政策も男女両方を対象とし，保育や介護といったケア責任を家庭内に閉じ込めないよう国が公的サービスの整備に積極的に関与するなど，「男性稼ぎ主モデル」では想定されていなかったニーズに対応する政策転換が必要となる。

　このように，「家庭を持てば夫の扶養に入り非正規雇用で働く」という女性のライフコースは，完全に自由な選択の結果として影響力を持ち続けているわけではない。「男性稼ぎ主モデル」は，歴史上のほんの一時期の経済・社会状況に適応するよう形成されたものであり，それが税や社会保障のあり方に埋め込まれることによって維持・強化されてきたのである。

しかし，逆にいえば，税や社会保障のあり方を転換することで，ジェンダー関係，家族関係をより平等で開かれたものに変えていく力を生み出すことも可能である。日本ではなぜ女性活躍が進まないのか，税制，社会保障制度に焦点を当てた国際比較から探ってみよう。

2. 税・社会保障制度の国際動向

（1）税制

まず，各国の税制について見ていこう。税金には消費税や住民税，相続税など様々な種類があるが，ここでは就労や収入に深く関係し，日本の税収の約3割を占める所得税について見ていく。

所得税の課税は，大きく世帯単位と個人単位の2つに分けられ，世帯単位はさらに合算非分割方式と合算分割方式に分けられる。夫婦を財産共有も含め生活共同体とする見方が強ければ，夫婦の所得を合算した合計額に課税する合算非分割方式が用いられる。しかし，世帯合計の所得に対する税率となるため所得のある2人が結婚した場合，結婚前よりも高い累進税率が適用されてしまう。そのため，女性の労働参加の向上とともに多くの国では合算分割方式の世帯単位や個人単位へ移行した。

主な諸外国の現在の課税単位を見ると，ドイツとフランスは合算分割方式の世帯単位，スウェーデンとイギリスは個人単位である（表12-1）。

世帯単位のうち，ドイツは夫婦を課税単位とする「2分2乗方式」を採っている。夫婦の所得を合算したうえで合計額を2分割し，1人当たり所得に対する税額を算出した後に，税額を2倍するという方式である。累進税率の下では所得を分割した方が適用される税率は低くなるため，無所得あるいは所得の低い配偶者と結婚すると，同じ所得を得ている単身世帯よりも税額を減らすことができる。単身でいるよりも結婚した方

表12-1　所得課税の仕組みと特徴（2022年）

		ドイツ	フランス	スウェーデン	イギリス	日本
課税単位		世帯（夫婦）	世帯（家族）	個人	個人	個人
配偶者の存在を考慮した仕組み		2分2乗（個人単位との選択制）	N分N乗	なし	婚姻控除	配偶者（特別）控除
公平性	世帯間	○	×（出産へのギフト）	×	×	×
	個人間	×（単身者に不利）	×（単身者に不利）	○	×（単身者に不利）	×（単身者に不利）
中立性	結婚	×（結婚へのギフト）	×（結婚へのギフト）	○	×（結婚へのギフト）	×（結婚へのギフト）
	配偶者の就労	×（就労を阻害）	×（就労を阻害）	○	×（就労を阻害）	×（就労を阻害）

（出所）　財務省「主要国における配偶者の存在を考慮した税制上の仕組み等の概要（2022年1月現在）」，鎌倉（2017）を参考に筆者作成。

が得することから「結婚へのギフト」の効果があるといわれる。ただし，夫婦それぞれの課税所得が均等であれば個人単位と同じ税額となる。

　フランスの「N分N乗方式」は，夫婦だけでなく家族全体を単位として課税する。家族の合計所得を家族構成に応じた家族除数Nで割った，1人当たり所得に対する税額をN倍して世帯の税額を出す。つまり，子どもの数が多いほど減税される仕組みであり，「出産へのギフト」の効果があるといわれる。

　現在，個人単位を採っている国も，もともとは世帯単位であった。しかし，スウェーデンは1971年に世帯単位から個人単位の課税に移行し，イギリスは1972年に選択制を導入，1990年に個人単位に移行した。個人単位の所得課税は，世帯単位に比べて結婚や配偶者の就労といったライ

フスタイルに中立的である（ただし，夫婦の所得の組み合わせによって同所得の世帯間で異なる税額となるため，世帯間の公平性は担保されない）。特にスウェーデンでは，配偶者の存在を税制で考慮する仕組みは設けておらず，個人ベースで捉える姿勢が徹底されている[注1]。

　少子化に歯止めがかからない日本では，フランスのような「Ｎ分Ｎ乗方式」の導入を求める声もある。しかし，表12-1のとおり，この方式は家族が多い方が有利という少子化対策以外の目的は，公平性・中立性の視点から見ると果たされにくい。また，専業主婦（夫）の高収入世帯ほどメリットが大きく，共働きで夫婦の所得が均衡している世帯ほどメリットが小さくなる。そのため，子育て世帯の中でも本当に経済的な支援が必要な世帯への効果や女性活躍推進との整合性に疑問符がつく。

　以上の諸外国における動向を踏まえて，日本の税制について見てみよう。日本ではシャウプ勧告に基づき1950年に世帯単位から個人単位の所得課税に移行した。しかし，課税単位は個人であっても世帯の構成人員や収入に応じて，配偶者控除，配偶者特別控除，扶養控除などの人的控除が適用されるため，実質的には世帯単位として機能する部分がある。そのため，女性の就労に抑制的な効果を持つ配偶者控除について見直しが進められている。ここでは分かりやすさを求めて，稼ぎ主の夫と専業主婦ないしパート主婦の妻の世帯を例にとって見ていこう。

　配偶者控除は1961年に導入された制度で，妻の給与収入が103万円以下であれば妻は非課税で，夫は所得税から38万円の控除を受けられる。適用対象となるために妻の就労を抑制する力が働くことから「103万円の壁」と呼ばれてきた。さらに，1987年には配偶者特別控除が導入される。年収が103万円を少しでも上回ると配偶者控除が受けられなくなり，働いているにもかかわらず世帯の手取り収入が急激に減ってしまうという逆転現象への対応として，141万円に達するまでは逓減する控除を受

けられるようになった。

　2017年度の税制改正では，給与収入が150万円までは特別控除で38万円満額の控除が受けられるようになり，特別控除の対象も201万円までに拡大された。他方で，配偶者控除の対象となる夫の収入に上限を設け，給与収入が1,120万円を超えると控除額が逓減し1,220万円を超えると配偶者控除の適用外となる^{（注2）}。高所得世帯の優遇を段階的に削減するとともに，「壁」の位置を103万円から150万円，141万円から201万円に動かして女性の就労を増加させるねらいがある。

（2）社会保険における扶養制度

　日本では，税制における配偶者控除とは別に，社会保険にも扶養制度がある。夫が会社員ないし公務員で社会保険に加入している場合，妻の年収が130万円未満であれば健康保険の扶養に入ることができる。また年金についても，国民年金の第3号被保険者として保険料を支払わずに給付対象となることが可能である。130万円を超えると扶養から外れて妻自身が社会保険料を負担する必要が生じるため，税制と同様に妻の就労を抑制する力が働く，いわゆる「130万円の壁」である。

　社会保険についても，2016年10月からパート主婦のような短時間労働者に対して加入適用を拡大する改正が順次施行されている^{（注3）}。これにより，年収106万円以上などの条件を満たせば，夫の扶養を抜けて第2号被保険者として健康保険や厚生年金に加入することになる。もっとも第2号被保険者になれば，妻自身が厚生年金や傷病手当金を受給できるため，妻の生活保障という点では良い面もある。社会保険では「壁」の位置が130万円から106万円に移動したことが分かるだろう。

　では，諸外国にも社会保険において配偶者の存在を考慮する仕組みは見られるのだろうか。表12-2の通り，年金保険については，日本のよ

表12-2　社会保険における配偶者考慮の仕組み（2021年）

	ドイツ	フランス	スウェーデン	イギリス	日本
年金保険	なし	なし	なし	なし	第3号被保険者（基礎年金の100％）
医療保険	扶養制度（財源は政府負担）	なし	なし（税方式）	なし（税方式）	扶養制度

（出所）　厚生労働省「2021年海外情勢報告」等を基に筆者作成。

うに配偶者の被扶養者という位置づけで保険料を負担することなく基礎年金の100％を受給できるような制度は，他の国には見られない。

　イギリスでは，配偶者の基礎年金の60％を支給する仕組みがあったが，2016年の年金改正で廃止された。現在の制度では，16歳以上の全ての被用者および自営業者に保険料拠出義務が課せられている（所得が一定額以下の者を除く(注4)）。ドイツ，フランス，スウェーデンでも，基本的に収入があれば年金制度の適用対象となり，自身で保険料を負担することを原則としている。低所得者には保険料を支払いはじめる所得の下限額が設けられているが日本よりも低い設定であり，無業者は年金保険の適用対象外となるため，女性の就労を抑制する方向には作用しにくい。

　医療保険については，スウェーデンとイギリスは保険方式ではなく税方式で医療サービスを運営しているため，全ての居住者が給付対象となる。フランスは保険方式だが，成人は被扶養者としてではなく個人として制度に加入することになっている。ドイツの医療保険では，配偶者が医療保険未加入で収入が一定以下であれば，保険料の追加負担なしにカバーされる仕組みがある。これは日本の扶養制度に似ているが，被扶養者の給付分は国庫負担でまかなわれているため，家族扶養というよりも

社会扶助に近い仕組みであるといえる。

　以上の通り，社会保険制度において保険料を負担しない配偶者を被扶養者として給付の対象に含むという制度設計は，他の先進諸国には見られない。国際的には，むしろ，女性も男性も就労することを前提に個人を基盤とする制度設計が採られているといえよう。

3.　ライフスタイルの多様化に応える税・社会保障改革へ

　税制，社会保障制度のあり方を比較してみると，戦後社会保障がつくられた時代に優勢であった「男性稼ぎ主モデル」の痕跡は，諸外国ではもうほとんど残っていない。経済や社会の変化に合わせて「男性稼ぎ主モデル」から離脱し，男女がともに働き，自身の社会保障の受給権を得る「個人モデル」へと移行していっていることが分かる。

　それに対して，日本はまだ「男性稼ぎ主モデル」から脱却しきれていない。特に1980年代，女性の社会進出が高まり各国が政策転換に舵を切っていく中，日本では表12－3のように，一方で男女雇用機会均等法を成立させ女性のキャリア確立を後押ししながら，他方では第3号被保険者や配偶者特別控除を導入し，それを抑制してきたのである。1990年

表12－3　女性就労に係る法制度の変遷

創設・成立年	法制度
1961年	配偶者控除
1985年	第3号被保険者
1985年	男女雇用機会均等法
1985年	労働者派遣法
1987年	配偶者特別控除
1991年	育児休業法
1995年	育児・介護休業法

（出所）　筆者作成。

代に入ってからも育児・介護休業法を成立させ，ケア役割を遂行しながらキャリアを続けるための制度をつくる一方，他方では労働者派遣法改正などを通して非正規労働の拡大を推進してきた。

　図12-1の通り，近年の制度改正で配偶者（特別）控除の壁は年収103万円から150万円に移動したが，住民税の非課税限度額は100万円のままであり，企業などが福利厚生として支給する配偶者手当（家族手当）なども103万円を基準としていることが多いため「103万円の壁」が消えない要因となっている。また社会保険料の支払い発生は，勤務する企業の規模によって「106万円の壁」と「130万円の壁」が併存している。

　ドイツやフランスの税制のように，女性がどれだけ働いても世帯で2分割ないしN分割される仕組みよりも，日本のように「これ以上収入が増えると適用対象外となる」という仕組みの方が，心理的にも「壁」

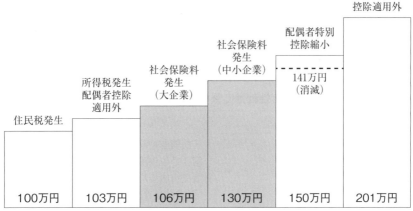

図12-1　女性就労をめぐる年収の「壁」
（注）　2022年3月現在。
（出所）　「パート『年収の壁』超え働く」（日本経済新聞2020年10月24日付朝刊）を
　　　　参考に筆者作成。

の効力は高まるように思われる。

　このように日本は，一方で女性の就労を促進しながら他方では抑制するという，アクセルとブレーキを同時に踏むような政策を30年以上続けている。「壁」を少しずつ動かすことで，男性稼ぎ主と専業主婦の「男性稼ぎ主モデル」から，男性稼ぎ主とパート主婦の「共働きモデル」には変わったかもしれない。しかし，「壁」そのものを取っ払ったわけではなく，諸外国のような男女がともに個人として就労する「共稼ぎ」を前提とした「個人モデル」には至っていない。

　前述のような制度の「微修正」によってどのような効果が見込めるだろうか。女性にとって労働時間をこれまでよりも増やすという選択肢は広がるかもしれない。しかし，時間当たり賃金で，賞与や昇給の機会も少なく，キャリアアップにもつながりにくい非正規雇用からの離脱を促す効果がどれだけあるかは疑問だ。

　世帯全体としての可処分所得（手取り収入）の増減を考慮して，自身のキャリアを考えなければならないというのは，ほぼ女性のみに課せられた不平等である。女性の教育水準の高い現代社会では，自身のキャリアを築くことに積極的な若年女性が増えている。結婚や出産の選択と引き換えに生涯所得の増加や個人に基づく社会保障の受給権を失うことになるなら，女性が家族形成を意識的に避ける選択をすることも理解できる。これが解決されない限り，生涯未婚率は上がり続け，出生数は下がり続けるだろう。

　さらにいうと，配偶者控除などは，納税者（ここでは「夫」）の所得税が減額される制度である。そのため，女性は世帯員でいる間は「世帯として」恩恵を受けるが，離婚などで世帯員でなくなったときに手元に残るのは非正規雇用で働いてきた経験と脆弱な経済的基盤のみである。自身の就労を抑制して節税した分は，女性には返ってこない。

　非正規労働者は，雇用の調整弁として景気変動の影響を最も深刻に受けることも，リーマンショックや新型コロナウイルス感染症などによる経済危機を通してさらに鮮明になった。また，優秀な人材を活用できないことは企業や社会にとっても大きな損失である。そうしたことを考慮すれば，世帯としての所得税の増減を気にせず女性自身のキャリアを守れる制度に変わっていくことが肝要だろう。女性就労の向上により国の税収が増えれば，その分を子育て支援や教育，医療などの社会保障・福祉に使うこともでき，より多くの人が安心して働き生活できる社会になる。

　したがって，現在の「共働きモデル」から「個人モデル」の社会システムに移行していく必要がある。日本に先駆けて税・社会保障改革に取り組んできた諸外国の事例は，大いに参考になるだろう。例えば，スウェーデンでは，1970年代から税・社会保障制度における個人単位を徹底することで「男女ともに稼ぐこと」を推進するだけでなく，同時に「男女ともに育児を行うこと」も推進してきた。

　1974年には「両親保険」を導入し，世界で初めて父親が有償の育児休業を取得できるようになった。1995年には「パパの月」という育休の1か月間は父親のみが利用できる制度を導入した。この期間は母親に譲渡することができないため，父親が利用しなければ両親合わせた育休期間から1か月が失われることになる。使わないともったいないという心理的効果で，父親の育休取得率は大きく向上した（「パパの月」は2002年に2か月，2016年からは3か月に拡張されている）。

　2008年には税制を活用して，母親と父親が育児休業を半分ずつ取得すると税額控除が上乗せされるインセンティブをつけた（実施した結果，男性の育休取得日数の増加に十分な効果を上げていないとして2017年に廃止された）。このように，スウェーデンでは「共稼ぎでともに子育て

する家族モデル」を税・社会保障改革を通してつくってきた。

　さらに，近年ではジェンダー平等だけでなく，ジェンダーや家族の多様性を尊重する制度改革にも取り組んできた。例えば，2009年に同性婚が法制化されてからは，上述の育児休業制度においても「父親」「母親」という言葉は用いず，「親」「もう一方の親」といったニュートラルな表現に変わっている。さらに，法律婚の親だけでなく，事実婚の親，養子縁組をした親も同じ制度が利用できる。

　なお，日本の配偶者控除は「民法の規定による配偶者であること」という規定があるため事実婚の世帯は対象外である。社会保険の扶養制度にはそのような規定はないため事実婚も対象となる。しかし，同性どうしの事実婚は対象外となる。この不平等については当事者が声をあげ，同性間の扶養関係が認められるかを問う，いわゆる「SOGIハラ訴訟」が行われている。2022年３月現在まだ判決は出ていないが，税・社会保障において多様なジェンダーや家族のあり方を包摂していくための重要な一歩になるだろう。

　スウェーデンの参考になるもう一つの点は，手続きの簡素性である。1947年にすでに個人番号制度を導入し，納税，社会保障，銀行口座の開設など広範囲にわたる官民サービスで活用されている。個人番号には，氏名や住所などの個人情報だけでなく，婚姻関係，家族関係，本人・家族の所得，課税対象資産，所有不動産，銀行口座などあらゆる情報がひもづけられ，国税庁でデジタルデータとして一元管理されているため，ほぼ全ての行政手続きはオンラインで，数分で完了する。

　それどころか，家族や所得の情報から児童手当など必要な社会保障給付が申請せずとも自動的に口座に振り込まれる。こうしたシステムは申請に伴うスティグマを軽減し，新型コロナウイルス禍のような危機時における給付の迅速な分配にも役立つ。日本のマイナンバー制度は，国民

の所得や資産情報を政府が一元管理することへの警戒感が強いこともあり迷走しているが，税と社会保障を一体的に整備していくことで様々なニーズに効率的に応えることが可能になる。

　このように税や社会保障のあり方を転換することで，個人の生き方，同性どうしも含むパートナーシップのあり方など，より平等で開かれたジェンダー関係や家族関係を促進することが可能となる。さらに，制度設計や運用を工夫すれば，様々な政策課題を解消する方向に進めることもできる。既存の「壁」の位置をずらすような微修正にとどまらず，高度経済成長期の標準的家族モデルから脱却し，ライフスタイルや家族の多様性に対応した社会制度をつくっていくことが強く求められる。

[注]

1　イギリスでは，1990年に個人単位に移行して以来，配偶者に関する控除を漸進的に縮小し2000年に廃止した。しかし，2015年，保守党政権は一方の配偶者が自分の基礎控除を使い切れなかった場合に，未使用分を他方の基礎控除額に移転できる婚姻控除（所得制限あり）を復活させた。

2　2022年現在，1,095万円を超えると逓減，1,195万円を超えると適用外となる。

3　2016年10月から従業員501人以上の企業，2022年10月から従業員101人以上の企業，2024年10月から従業員51人以上の企業で働く労働者に適用される。

4　2020年度においては，週120ポンド（年換算で約95万円）未満の被用者，年間6,475ポンド（約99万円）未満の自営業者は加入義務がない（2022年3月1日時点のレート）。

参考文献

深澤和子（2003）『福祉国家とジェンダー・ポリティックス』東信堂
鎌倉治子（2017）「諸外国の課税単位と基礎的な人的控除：配偶者控除の見直しを

めぐって」レファレンス798号，pp.71-87

内閣府（2021）『令和 3 年版 男女共同参画白書』

落合恵美子（2019）『21世紀家族へ──家族の戦後体制の見かた・超えかた』第 4 版，有斐閣

OECD（2021）Child poverty, OECD Family Database

Sainsbury, D.（1996）*Gender, equality, and welfare states*, Cambridge University Press

Sainsbury, D. ed.（1999）*Gender and Welfare State Regimes*, Oxford University Press

13 │ エビデンスを重視する社会政策 ──イギリスの EBPM を参考に

田中弘美

《目標＆ポイント》　先進諸国の政策形成では「エビデンスを重視する政策立案（EBPM）」が主流になりつつある。EBPM および，その根幹である政策評価とは何かをイギリスの事例や仕組みを参考に理解し，日本の展望について考える。
《キーワード》　エビデンス，EBPM，政策評価，ロジック・モデル

1.　エビデンスを重視する政策立案

　近年，「エビデンス」という言葉をよく耳にするようになった。新型コロナウイルス感染症の対応をめぐっても，エビデンスに基づいて政策を議論し決定することを求める声が聞かれた。しかし，「エビデンス」とはいったい何を意味するのか。それを活用した政策立案とはどのようなものなのか。従来の政策立案とどう違うのだろうか。

　「エビデンスを重視する政策立案」とは，1960年代から欧米諸国を中心に展開されてきた Evidence-Based Policy Making（以下，「EBPM」とする）のことを指す。エビデンスは「証拠」という意味だが，ここでは「科学的根拠」と捉えると理解しやすいだろう。つまり，政策立案において印象論や直感，先例などに依拠するのではなく，実証研究やデータ分析などを通して得られる科学的な根拠を元に，効果的な政策を立案すべきという考え方である。

　至極当然のことのように思うだろうが，日本の政策立案においては
EBPM の視点がこれまで弱かったことが指摘されている。もちろん，
政策というものは，法案の成立・改正にしても予算の決定にしても，民
主主義に則って議会で決定されるため政治とは不可分であり，学術的な
研究結果やデータだけを見てつくられるものではない。しかしながら，
官僚が政権に対して「忖度する」という言葉が話題になったように，日
本では科学的データの上に議論を重ねていくよりも，政治との関係や，
政官財の利害関係者間の調整が重視される傾向にあった。そのため，政
策が選択・決定される一連のプロセスや，責任の所在が不透明であると
いう課題を抱えている。

　EBPM は，こうした課題に応えようとするものである。つまり，政
策課題に対して，考えうる複数の政策の選択肢を提示し，それぞれの有
効性を実証的に検証し，その結果（＝エビデンス）を踏まえて政策立案
を進める。そうすることで，政策選択・立案に至った根拠を明確に示す
ことが可能となり，政策形成過程における透明性と説明責任を高めるこ
とができる。

　では，どのようなエビデンスであれば，科学的根拠としての信頼性が
高いといえるのだろうか。エビデンスとして最も説得力が高いとされる
のがランダム化比較試験（RCT）であり，欧米諸国を中心に用いられ
ている。これは，政策の効果を推定するために，実験対象者を無作為に
２つの集団に区分し，一方にのみ政策介入を行い，他方には何もせず，
成果に差が生じるかを統計的に検定するというものである。

　もともとは医療分野で進んでいた手法であり，新型コロナウイルスワ
クチン開発における効果測定の方法をイメージすると理解しやすいだろ
う。近年，社会課題の解決にも応用しようとする動きが盛んになってお
り，この手法を用いた「世界の貧困削減に向けた実験的アプローチ」は

2019年にノーベル経済学賞を受賞している。

　たしかに，このようなエビデンスがあれば，事前に政策がもたらす効果をある程度予測したうえで，より実効性や費用対効果の高い政策を選択できるため有益であろう。しかし実際には，全ての政策立案においてこの手法が採れるわけではない。時間や費用の制約を受けることもあれば，社会実験という性質上，ヒトを実験の対象とすることに関する倫理的な問題，また実験という目的があるとはいえ政策による恩恵を受ける集団と受けない集団が生まれる公平性の問題など，様々な課題がある。したがって，EBPM といえば RCT という構図に矮小化してしまわず，もう少し広い視野で捉えることが大切だろう。

　政策の形成過程は，単純化すると，①課題の提示，②計画，③実施，④評価という 4 つの段階に分けられる（②と③の間に「決定」を含めて 5 段階と捉えることもある）。その中でも，EBPM の根幹をなすのが「評価」の部分である。日本の政策形成過程にはその透明性と説明責任に課題があることはすでに述べたが，もう一つの大きな課題は，政策が成果に結びついているのか，意図した成果が得られていないとすれば何が原因で，どこを改善しなければならないのか，といった検証・評価が十分になされないことである。

　例えば，少子化社会対策を例にとってみると，1990年の「1.57ショック」以降，様々な政策が講じられてはいるが，少なくとも合計特殊出生率の上昇や出生数の増加という形では成果は見られていない。おそらく多くの人の実感としても，子どもを産みやすく育てやすい社会に近づいていっているかと問われれば，首肯しかねるというのが正直なところではないだろうか。

　政策の検証・評価が十分になされなければ，成果を生んでいるのかいないのか分からない政策に多額の税金やマンパワーを投入し続けること

になり，社会状況の変化に寄与しないばかりか，国民の政治への信頼度は下がる一方である。だからこそ，政策はしっかりと検証・評価され，改善に結びつけられなければならない。

　政策評価は，以下のような問いに対して主に社会調査法を用いた分析を行い，現行の政策を廃止する，修正して再施行する，新たな政策を導入するなど，次の一手に関する適切な判断を下すための材料を提供する。

・政策目的は何か（政策課題に対してどのような改善を目指すのか）
・その目的を達成するためにどのような政策手段があるのか
・各手段はどのような効果を生み出すか
・その効果の先にどのような社会状況の変化が期待されるか
・政策の実施後，意図した効果・変化は見られたか
・（十分な効果を上げていない場合）何が原因か
・原因に対してどのような政策の立案・改善が必要か

　こうして見ると，エビデンスはRCTのような社会実験の結果に限定されるものではなく，上記のような問いに対して科学的な手法をもって丁寧に検討を積み重ねていくことで得られるものであるということが分かるだろう。幅広いエビデンスを活用して政策を検証・評価し，改善するサイクルを構築すること，そのサイクルの継続を通じて政策目的の実現に着実に近づいていくことが，EBPMの目指すところである。

　政策評価の有効なツールの一つに「ロジック・モデル」が挙げられる。ロジック・モデルは，政策実施のために投入する資源（インプット），政策実施の活動（アクティビティ），活動の結果としての産出物（アウトプット），政策の意図する変化・成果（アウトカム），最終的に生じた変化（インパクト）という，政策目的から政策の実施，意図する変化・成果までのプロセスにおいて連鎖する因果関係を図式化するものであ

る。

　政策立案時に作成しておけば，評価の際に想定した通りにいかなかっ
た原因などを検証しやすい。また，成果の検証においては，達成状況や
目指す社会の変化を的確に表現する「評価指標」が重要となる。図13－
1の少子化社会対策を例にとれば，保育所の定員数の増加（アウトプッ
ト指標），待機児童数の減少（アウトカム指標）などである。

　指標は，既存の統計データを利用して作成できればよいが，適切な
データが存在しない，あるいはデータにアクセスできない場合には，大
規模調査などを実施してデータを作成・整備することも必要になる。こ
のように，因果関係の仮説が適切かどうかを，評価指標を用いて分析し，
ロジック・モデルをより精緻なものに更新していくことが，政策評価の
基本であるといえる。

　社会課題を解決するための政策を実施し，より良い社会に向かって着
実に進んでいくためには，日本においても EBPM の考え方や実践が

因果関係の連鎖

政策目的 少子化の改善	インプット 活動の実施のために投入する資源	アクティビティ 政策を実施する活動	アウトプット 活動の結果の産出物	アウトカム 政策の意図する変化・成果	インパクト 最終的に生じた変化
施策の具体例	保育所増設・拡大に要する予算・人員	保育所の増設・拡大	保育所の定員数増加	待機児童数の減少	出生数の増加
	育児休業制度の普及に要する予算・人員	育児休業制度の普及	育児休業制度を取得推進する企業数増加	育児休業取得率の上昇	

図13－1　ロジック・モデル
（出所）　筆者作成。

もっと普及する必要がある。国民によく分かる形で政策の目的やビジョンが伝えられ，その実現を目指して政策が実施され，政策実施による目標達成度や成果が測られることが当たり前になることを目指さなければならない。

2. 日本の政策評価の現状

　日本においてもこれまで政策評価の重要性は指摘され，そのための環境整備が行われてきた。1997年の行政改革会議で全政府的な政策評価制度の導入が提言されたことに始まり，2002年4月には「行政機関が行う政策の評価に関する法律」（いわゆる政策評価法）が施行された。これにより，①効率的な行政，②成果重視の行政，③国民に対する説明責任という目標の下，各府省は所管する政策を評価し，結果を政策立案に適切に反映するとともに，評価に関する情報を公表することを義務づけられた。

　政策評価法では，主に各府省による目標管理型の政策評価と総務省による行政評価局調査の2つの評価が行われている。前者は，各府省が主要な政策に関する事前分析表を作成してあらかじめ目標を設定し，事後評価でその達成度を測定して評価するというものである。後者は，複数府省にまたがるような政策を総合的に評価するため，総務省が独自に調査などを実施し，その結果に基づいて提言を行うというものである。

　さらに，政策評価を推進する潮流とはまた別に，2015年頃から統計改革の必要性を訴える声が出てくる。その中でEBPMの推進についても提言がなされ，それを受けて2017年には内閣官房に「EBPM推進委員会」が，さらに各府省においてEBPM推進に取り組む「政策立案総括審議官」という審議官級のポストが新たに設置された。

　このように，日本でも政策評価が義務となって20年以上が経ち，総務

省の「政策評価ポータルサイト」では各府省の政策評価が確認できるように公開もされている。しかし，一般にはそれほど普及しておらず，おそらく多くの人はこのサイトの存在すら知らないだろう。

2022年9月執筆時点で行われている政策評価の中身についても様々な問題が散見される。例えば，筆者が「第4次少子化社会対策大綱」（2020年5月29日閣議決定）の中身を検証した結果では，政策目的の不明確さ，指標の妥当性，アウトカム指標の少なさなどの問題が指摘された（石田・田中・遠藤 2022）。また，評価自体を公表したとしても，分析・検証の結果がどのように政策改善に生かされているのかも分かりにくい。そもそも，日本の政策評価法は各府省が計画・実施した政策を自ら評価する「自己評価」であるため，政策の問題点をあぶり出し，政策の見直しや改善につなげる動機が弱いことも挙げられる。

3. イギリスにおける EBPM の展開

海外ではどのように EBPM が進められているのだろうか。日本と同様に，政府が中心となって質の高いエビデンスを政策形成に活用することを進めてきたイギリスの事例が参考になるだろう。

イギリスにおける政策評価の始まりは，1970年代後半からの保守党政権による行政改革の流れの中に見出せるが，本格的に政府の政策立案にエビデンスを活用することを推し進めたのは，1997年の総選挙で18年ぶりの政権交代を果たしたブレア労働党政権である。ブレア政権は，子どもの貧困撲滅を目標として教育政策に力を入れたことで知られる。ここでは，その目玉政策であった「シュア・スタート地域プログラム」の展開を例に，政策形成にいかにエビデンスが活用されたのかを見てみよう。「シュア・スタート地域プログラム」は，4歳未満児とその親を対象に保健・子育て支援サービスを提供するというもので，1999年に貧困地域

に限定して実施された。各自治体が地域のニーズに基づいて実施プログラムを決めるため，内容には地域差があった。

　研究者や統計の専門家などから構成された評価チーム「シュア・スタートの全国的評価」（National Evaluation of Sure Start：NESS）は，5,000人以上の子どもと家庭の横断的調査（プログラムが実施された地域と実施されていない類似の経済状況・人口構成の地域との比較），子どもが9か月，3歳，5歳，7歳と成長していく過程の縦断的調査を実施した。第1次評価では，プログラムは多くの子どもと家庭に良い効果をもたらしている一方で，最も不利な状況（10代の親，親が就業していない家庭，ひとり親家庭など）にある子どもには効果が上がっていないという評価がなされた。

　他方で，就学前教育の効果を検討する評価チーム「幼児教育の効果的供給に関するプロジェクト」（Effective Provision of Pre-school Education：EPPE）は，3,000人の子どもを対象に0～18歳の縦断的調査を実施し，就学前教育のプラスの効果を実証するとともに，保育・就学前教育・子育て支援サービスが総合的に提供されることでさらに効果が上がるという結果を示した。

　2003年，政府はこれらの政策評価の結果を受けて，シュア・スタートを「チルドレンズ・センター」として，保健・子育て支援・保育・就学前教育などを総合的に提供するワンストップ・サービス施設に再編し，プログラムの地域差も縮小するという政策改善の方向を打ち出した。さらに全ての子どもに3歳から無償の就学前教育を提供することを約束した。それに伴い，事業を所管する省庁の移行や担当部局の合併など，運営体制の再編も速やかに行われた。

　チルドレンズ・センターへの改編後に実施されたNESSによる第2次評価では，第1次で課題として示された最も不利な状況に置かれた子

どもが取り残されているという状況は見られず，全体的に子どもと家庭
に良い効果をもたらしているという報告がなされた。この結果をもって，
政府はチルドレンズ・センターを貧困地域に限定せず，全国3,500か所
に拡大展開することを決定した。

　しかしながら，この決定について NESS の主任評価者は，調査結果
はあくまで貧困地域を対象として実施したプログラムの結果であり，非
貧困地域も含む全国に展開した際の効果を保証するエビデンスではない
と述べていた。つまり，全国展開という政策の方向性は，科学的手法に
基づくエビデンスよりも政治的な判断が優先された意思決定であったと
いえるだろう。

　その後の政策評価では，最も貧困な状態にある家庭の子どもとそうで
ない子どもの教育格差が縮小したことが実証されている。それがチルド
レンズ・センターの効果なのか，無償の就学前教育を全ての子どもに保
障することの効果なのか厳密には判定できない。しかし，実際の政策形
成と連動していく政策評価とはそういうものであるし，これまで家庭の
状況によって大きく左右されていた教育における格差を政策介入によっ
て縮小するという，政策目的の達成に近づいたという点が重要であると
いえよう。

　なお，チルドレンズ・センターはその後，全国3,500か所に設置され
たものの，そのための予算が大きく増えたわけではなく，限られた財
源・資源を「薄く広く」使う結果となった。さらに，2008年のリーマン
ショックによる経済危機，2010年の政権交代を経て緊縮財政が進められ
た結果，多くのチルドレンズ・センターが閉鎖を余儀なくされるという
事態が続いた。もちろん，経済危機など予測できることの限界はあるか
もしれないが，全国展開については，もう少し慎重に実証的なエビデン
スを重ねながら進めることができたのではないかというのが事後評価に

占める大勢の見解である。

これはイギリスにおいてエビデンスが政策形成に活用された（一部，十分に活用せず政治的判断により決定された）事例の一つに過ぎず，教育に限らずあらゆる分野で政策評価を実施することが推進されている。政策評価の考え方や実施方法については，「The Green Book」と呼ばれるガイドブックが財務省によって作成・公表されており，各府省はこれに基づいて政策評価を実施することになっている。

The Green Book は，事前評価と事後評価に関するガイドラインを示すことで，官僚が政策立案における意思決定者（中央政府の大臣，地方政府の議員，公的機関の役員など）に対して客観的な助言を提供することを意図しており，規制や予算執行を含め，公的資金を使用して実施されるあらゆる階層の政策が評価の対象となる。

その中で，図13‒2のように Rationale（合理的），Objectives（目標），Appraisal（事前評価），Monitoring（モニタリング），Evaluation（事後評価），Feedback（フィードバック）の頭文字をとって「ROAMEFサイクル」と呼ばれる政策形成過程を示して，政策の実施前・実施中・実施後の全ての段階で評価を通じてエビデンスを創出し，活用することを求めている。

さらに The Green Book を中心に，事後評価の詳細な方法をまとめた「The Magenta Book」や，分析モデルや精度に関する基準を示す「The Aqua Book」，公的資金を活用するうえでの指針を示す「Managing Public Money」など，政策評価のそれぞれの側面に関して補完する各種ガイドブックが公表されている。

このように，イギリスにおける政策評価ではかなり専門的な水準が求められていることが分かるだろう。政策評価の質を高める工夫として，政府には政策分析を担当する専門職が多数置かれている。2016年時点で，

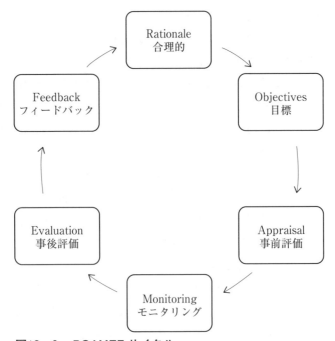

図13-2　ROAMEF サイクル
（出所）　HM Treasury（2020）p.15 Figure4を参考に筆者作成。

経済学（942人），社会調査（540人），数理学的解析（578人），統計（1,583人），科学工学（1万1,486人）といった分野の専門家が分析専門職として採用されており，その他ジェネラリストが1万6,573人であることからも規模の大きさが見てとれる（内山ほか 2018：30）。こうした専門職は各府省に所属する一方で，横のネットワークも形成しているため所属の枠を超えて共通理解やスキルアップを図りやすい構造になっている。

　また，各府省は「関心のある研究領域（Areas of Research Interest）」と称してエビデンスを必要としている政策領域を広く一般にも公表しており，具体的なリサーチ・クエスチョンまで示している。例えば，教育

省は初等教育の領域に関して，以下のような問いを示している
（Department for Education 2018）。

・初等教育において用いられる教育学的アプローチは施設形態の違いに
　よってどのように異なっているか
・教育学的アプローチは初等教育従事者によってどのように異なってい
　るか
・どのアプローチが子どもの発達にとって最も効果的なのか

　さらに，政策評価に関わる独立機関がたくさん存在することもイギリ
スの特徴である。例えば，1980年代から，民間シンクタンクの Institute
for Fiscal Studies（IFS）は財務相によって予算案が発表される前に，
独自に経済・財政動向を分析した結果を踏まえて税制，社会保障，労働，
教育など幅広い政策についての選択肢を公表する。毎年，メディアを巻
き込んで政策議論を喚起しており，イギリスでは一種の風物詩のように
なっている。

　また，What Works Centres（WWC）と呼ばれる独立した機関が，
それぞれの専門分野の政策立案や評価について政府と連携するネット
ワークが構築されている。各センターは政府からの助成だけでなく，経
済社会研究会議（ESRC）や国営宝くじ基金（Big Lottery Fund）といっ
た機関からも資金提供を受けて運営されている官民協働組織である。

　幅広い政策分野（医療，不利な環境にある子どもの教育機会，犯罪削
減，子ども・若者への早期介入，地方経済活性化，高齢期の福祉，ウェ
ルビーイング，ホームレス，社会的養護，若者の就労支援など）で連携
しており，「What Works（何が有効か）」という文字通り，政策決定に
おいて考慮されるべき質の高いエビデンスが，研究者や実務者などに
よって提供される仕組みとなっている。

　こうした独立機関はほかにも多く存在するが，いずれも政府から一定

の距離感をとって独立性を保ちつつも，政府とのパイプを利用しながら意思決定者に情報提供や提言を行い，政策立案に少なくない影響を与えている。

4. 今後の展望

　イギリスにおける EBPM の取り組みから学ぶべき点はたくさんありそうだ。ここでは，まとめとして 3 点を挙げておこう。

　1 点目は，政策形成におけるエビデンスの位置づけである。イギリスにおいて政策形成の中心にあるのは，政治家でも官僚でも利害関係者でもなく「エビデンス」である。エビデンスが中心にあり，その周りに人や組織が整備・構築されているのである。したがって，政策形成に携わる人間は，エビデンスを創出でき，関係者や国民に分かりやすく伝えることができ，吟味し正しく活用できる，エビデンスの専門家集団であることが求められる。

　一方，前述の通り，日本では政策評価の実践は十分ではなく，その中で新しく始まった EBPM 推進の位置づけも定かではない。各府省に「政策立案総括審議官」という新たなポストを設けたとはいえ，必ずしも政策評価の専門家であるわけではない。そのうえ，国の基幹統計が10年間にもわたって不適切に処理されていたという事実は，エビデンスの軽視以外の何ものでもない。ただし，データを扱えれば良い政策がつくれるわけでもなく，現場に出向いて初めて得られる当事者の声など，質的なエビデンスにも価値がある。多様な人材の確保や育成，官僚の働き方改革を含め，抜本的な体制の再構築が求められる。

　2 点目は，エビデンスを活用しながら政策を修正・改善していく柔軟性である。シュア・スタートからチルドレンズ・センターへの改編が分かりやすい事例であるように，政策は決して当初計画・想定した通りに

効果を上げるわけではない。そのため、当初の政策の形に固執する必要は全くなく、むしろ、なぜ効果が上がらないのか、どうしたら効果が上がるのかを、エビデンスを参照しながら検討し、改善を続けることの方が重要である。

　日本では、政策の形を柔軟に変えていったとしたら、一貫性がない、思慮不足などと厳しく批判されるかもしれない。だが、裏返せばそれは政治家や政策担当者に無謬性を求める国民の側の問題でもある。だからこそ、日本の政策立案では実施前にできる限り完璧な政策をつくろうと調整に調整を重ねる方向に力が働いてしまううえ、間違いを認めにくく、より効果的な政策改善にもつながりにくい。

　しかしそれは、EBPM の考え方や実践が普及することで一定の発展が期待できる。エビデンスに基づいた改善であることをきちんと説明されれば国民も納得できるのではないだろうか。またイギリスのチルドレンズ・センターの全国展開の例のように、エビデンス自体が広く公表されていれば、政治判断によって意思決定がなされた際には国民にもそれが分かるだろう。ある程度トライ&エラーの許される政策形成が可能になった方が、政策立案者も国民も得るものが大きいのではないか。

　3点目は、意思決定者と一定の距離をとって評価が行われることの重要性である。政策評価やエビデンスの品質の高さは、科学的手法を用いれば担保されるわけでなく、それに関わる人や機関の独立性に左右される。日本では審議会や有識者会議など専門家が意見を述べる機会はあるが、始まる前から結論が決まっている、前もってつくられたシナリオに沿って進められるといった話も聞かれる。自己正当性を担保するための評価ではなく、国民のため、社会のための政策評価を確立すべきである。

　そのうえで、全政府的にデータ管理体制を整えて誰もがアクセスできる仕組みをつくり、研究者も含め広く一般にエビデンス創出の一端を

214

担ってもらうことも一つの手だろう。新型コロナウイルス下では多くの大学で遠隔授業への切り替えを余儀なくされ，大学公式のシステムに支障が生じる中，ある大学では学生有志が数時間で開発した代替ツールの方が「有能」であるとして大学側が公認したというニュースが話題になった。

　このように自身のスキルや能力を生かして社会に貢献したい人はまだまだいるのではないだろうか。デジタル社会，デジタル世代だからこそできることも，これからますます増えてくるだろう。本当の意味での政官民の協力体制とはどのようなものかを構想し，実施体制を整えていくことが大事だろう。

参考文献

Department for Education（2018）Areas of research interest, May 2018

HM Treasury（2020）*The Green Book: Central Government Guidance on Appraisal and Evaluation*

家子直幸・小林庸平・松岡夏子・西尾真治（2016）「エビデンスで変わる政策形成：イギリスにおける『エビデンスに基づく政策』の動向，ランダム化比較試験による実証，及び日本への示唆」三菱UFJリサーチ＆コンサルティング政策研究レポート，2016年2月12日

石田慎二・田中弘美・遠藤希和子（2022）「少子化社会対策をひもとく――目的・手段・成果の視点から」埋橋孝文編著『福祉政策研究入門――政策評価と指標 第1巻 少子高齢化のなかの福祉政策』明石書店，pp.128-153

Melhuish, E.（2016）Longitudinal research and early years policy development in the UK. *International Journal of Child Care and Education Policy*, 10, : 3

大橋弘編（2020）『EBPMの経済学――エビデンスを重視した政策立案』東京大学出版会

内山融・小林庸平・田口壮輔・小池孝英（2018）「英国におけるエビデンスに基づく政策形成と日本への示唆：エビデンスの『需要』と『供給』に着目した分析」RIETI Policy Discussion Paper Series, No. 18-P-018

14 | 労働法・社会保障教育のあり方を考える

居神　浩

《目標＆ポイント》　社会政策を考えることが一般市民にとってより身近なものとなるように，職場の労働トラブルの解決，生活保護の行政パンフレットや国政選挙における政党のマニフェストのチェック，格差や貧困を描いた映画の鑑賞などを題材に，感性と知識の水準を上げていくことを目指す。

《キーワード》　労働法，生活保護，マニフェスト，ワークフェア，ギグエコノミー

●はじめに

　社会政策の中心的課題である労働や社会保障に関して，日本の学校教育ではごく基本的な事項は学習するが，日常生活に直接役立つほどには実践的な知識を得られていないのが現状である。厚生労働省では労働法や社会保障教育に関する検討や実践をすでに行っているが，まだ十分に学校教育の現場に浸透したものとはなっていない。なお，労働法教育に関しては「『はたらく』へのトビラ～ワークルール20のモデル授業案～（改訂版）」，社会保障教育に関しては「社会保障教育のワークシート」などを紹介しておこう。いずれも厚生労働省のサイトにアップされているので，ぜひ参照していただきたい。

　本章ではこのような現状に鑑み，大学の初年次教育やキャリア教育などの授業で取り組むべき労働法や社会保障教育の題材をいくつか取り上げてみたい。

1. 身近な労働体験からの異議申立て

　日本の大学におけるキャリア教育は，第１章で述べた「メンバーシップ型」雇用システム（企業社会）への「適応」（会社の一員になること）が前面に出ていて，職場の理不尽な出来事に対する「抵抗」（異議申立て）の側面は後景に退く傾向にある（詳しくは，居神編著（2015）を参照していただきたい）。大学教育において抵抗を前面に押し出した授業を展開する際に留意すべきは，労働法の知識の単なる暗記にとどめてはいけないという点である。特に重要なのは労働法のいわば「肝」にあたるところをしっかり身につけてもらうことである。この点について，労働法知識の普及を目指す『日本ワークルール検定協会』（日本ワークルール検定協会編，2020年）のテキストが有益である。ここでは『ワークルール検定　初級テキスト』の序章の記述に依拠しながら労働法の「肝」を整理してみたい。

　まず，そもそもなぜ労働法が必要なのかという疑問である。通常の市場取引は売り手と買い手の合意によって成立する。この合意のことを法律的には「契約」というが，契約に関する規律は民法に定められている。労働市場における取引は労働者と使用者との間の「雇用契約」であるが，民法では「当事者の一方が相手方に対して労働に従事すること」と「相手方がこれに対してその報酬を与えること」を相互に約束した契約関係（民法623条）として規定されている。ただし，ここで注意すべきは，民法においては契約の当事者は相互に対等で自由な主体として想定されているという点である。しかし，現実の使用者と労働者との関係は，対等な関係でも自由な関係でもない。

　使用者と労働者の関係を，他の商品と同じように当事者の自由な合意に任せておくことはできないという主張は，ILO（国際労働機関）の採

択による1944年の「フィラデルフィア宣言」における「労働は，商品ではない」というスローガンにも拠る。

「労働は，商品ではない」という基本認識の下，以下の３つの理由により自由な雇用契約への介入が正当化される。

① 雇用契約は，働く人間そのものを取引の対象とするので，契約の内容によっては，労働者の肉体や精神が侵害されてしまうおそれがある。

② 労働者は自らの労働力以外に財産（生産手段）を持たないがゆえに，労働力の所有者である労働者は使用者との関係では経済的に弱い立場に置かれる。

③ 労働者が労働をする際には，使用者から指示や命令を受けるので，労働者の人格や自由が侵害されるおそれがある。

このように「労働は，商品ではない」からこそ，民法とは別に労働法による介入が以下の２つの方向から必要になる。

① 労働者の保護の観点：法律が定める最低基準に違反する契約を違法・無効にするなどの方法で契約自由の原則に制約を課し，労働者に人間的な生存と自由を確保しようとする方向。

② 労働者集団の自由を実現する観点：労働者が団結して使用者と団体交渉をし，その際にストライキ等の団体行動をとることを認めることを通じて，労使の実力上の力関係の差を是正する方向。

この２つの方向からの介入が労働法を構成する基本理念である。日本で労働法の基本理念を支えるのが，戦後まもなく公布された日本国憲法の以下の３つの社会権（国家に対して，主として社会的・経済的弱者を保護し，実質的な平等を実現する施策を要求する権利）に関する規定である。

① 25条に定める生存権：「すべて国民は，健康で文化的な最低限度の

生活を営む権利を有する。」。なおこれは「すべて国民」なので，労働
者だけを対象としたものではない。

② 27条に定める勤労（労働）権：「すべて国民は，勤労の権利を有し，
義務を負ふ。」として，労働者に対して「働く権利」についてそれ自
体を保障し（憲法27条1項），「賃金，就業時間，休息その他の勤労条
件に関する基準は，法律でこれを定める。」（同条2項）とする。

③ 28条に定める勤労者（労働者）の労働基本権（団結権，団体交渉権，
団体行動権の労働三権）：これらにより労働者の働く具体的な条件を
使用者と労働組合との対等な交渉で決定できる。

その後，これらの理念を体現する様々な労働法規が相次いで制定され，
労働法の現在が形作られている。それらは以下のような4つの領域に体
系的に整理される。

① 労働者と使用者の個別の関係（雇用関係）を規律する雇用関係法の
領域。労働基準法，労働契約法，最低賃金法，労働安全衛生法，男女
雇用機会均等法，育児介護休業法など。

② 労働者および使用者と労働組合との集合的な関係（労使関係）を規
律する法律。労働組合法，労働関係調整法など。

③ 求職者（労働者）と求人者（使用者）の労働力の取引に関する労働
市場を規律する法律。職業安定法，労働者派遣法，雇用対策法，雇用
保険法など。

④ 以上の雇用関係，労使関係，労働市場からなる労働関係から発生す
る紛争を解決する労働紛争解決法と呼ばれる領域。労働組合法，労働
関係調整法，最近では個別労働関係紛争解決促進法，労働審判法など。

さて，以上『ワークルール検定　初級テキスト』の序章の記述を援用
しながら，労働法の「肝」にあたる部分を紹介した。端的には「労働は，
商品ではない」という認識から，労使の力関係の非対称性を是正する法

的な介入が必要であり，そのための様々な法律が労働者に用意されているということである。しかし労働者にそのような権利が担保されていても，それを実現するのは労働者の意思次第である。この点が労働法教育の「肝」になるところである。

　この点については，大学生自身の身近な労働体験，すなわちアルバイトの現場での理不尽な体験からスタートするのがよいだろう。例えば，学生アルバイトの労働問題の相談に関するサイトとして，「ブラックバイトユニオン」がある。2000年代に労働法規を遵守せず，劣悪な労働条件で働かせる「ブラック企業」が社会問題化したが，学生アルバイトにおける「ブラック」な働き方への対抗として結成された組織の一つがこの「ユニオン」（労働組合）である。そこでは「事例集」として，コンビニ店員，飲食店員，塾講師，アパレル店員の相談事案が紹介されている。さらに「解決事例」として，どこが法的なポイントであり，どのような方法で解決に至ったかの道筋が示されている。

　例えば，飲食店における「賃金不払い」の事例として，インターネットの求人サイトには時給1,000円と書かれていたが，実際に給料明細を見ると時給900円になっていた。店長にこのことを聞いたところ，研修期間中は900円だといわれたが，そのような約束をした覚えがなく，そもそも店から契約書も渡されていなかった，という相談が挙げられている。ここでの「法的ポイント」は，法律上，アルバイトであっても賃金や雇用期間などの労働条件を書面で通知することが義務づけられている，何の説明もなく研修期間を設けて時給を引き下げたりすることは違法だという点である。さらに「解決方法」として，被害にあった当事者がブラックバイトユニオンのメンバーと一緒に，店舗に直接行って団体交渉を行い，その結果，未払いになっていた賃金の全額（約５万円）を受け取ることができたことが紹介されている。

　このように1人では二の足を踏んでしまいそうな労働トラブルがユニオンのメンバーと一緒に交渉することで解決できたことが示されているところは非常に重要である。労働法教育の「肝」は，労働契約の法的な意味をよく理解するとともに，違法な契約に対して正当な異議申立てを行い，労働者の団体的行動などを通じて具体的な解決の方向性を示すことである。大学教育の現場でこのような題材を元にした授業実践を積み重ねていきたいものである。この点については，居神編著（2015）の第4章「権利を行使することの困難と希望」もぜひ参照していただきたい。

2.　生活保護の行政パンフレットのチェック

　次に社会保障教育に移ろう。冒頭に紹介した厚生労働省の社会保障教育ワークシートでは社会保障全般および年金・医療保険についてはカバーされているが，社会保障の最後のセーフティネットと呼ばれる生活保護が手薄になっているのが気になるところである。

　日本の生活保護は理念的には上述の憲法で保障されている生存権を具現化する制度であるが，実態としてきわめて「入りにくく，出にくい」（本来受給できる世帯がどれだけ実際に利用しているかを示す「捕捉率」の低さ，「保護の廃止」の主な理由が「死亡」であることなど）制度になっている。また一般市民の認識として「できればお世話になりたくない」制度と思われているであろうことも否定できない。

　しかし，そもそも生活保護とはどのような制度で，どのように利用できるか，一般市民はどこまで理解しているのであろうか。厚生労働省のサイトでは，生活保護を申請したい方へのメッセージとして，「生活保護の申請は国民の権利です。生活保護を必要とする可能性はどなたにもあるものですので，ためらわずにご相談ください。」と明言され，図14-1のような「パンフレット」がアップされている。

生活保護制度

生活保護は、最低生活の保障と自立の助長を図ることを目的として、
その困窮の程度に応じ、必要な保護を行う制度です。
また、生活保護の申請は国民の権利です。生活保護を必要とする可能性はど
なたにもあるものですので、ためらわずに自治体までご相談ください。

どのような方が生活保護を受けられるか

○　生活保護は、資産、能力等あらゆるものを活用することを前提として必要
な保護が行われます。

（以下のような状態の方が対象となります。）

・　不動産、自動車、預貯金等のうち、ただちに活用できる資産がない。

※　不動産、自動車は例外的に保有が認められる場合があります。

・　就労できない、又は就労していても必要な生活費を得られない。

・　年金、手当等の社会保障給付の活用をしても必要な生活費を得られない。

・　扶養義務者からの扶養は保護に優先されます。

※　保護の申請が行われた場合に、夫婦、中学３年生以下の子の親は重点的な調査の
対象として、福祉事務所のケースワーカーが原則として実際に会って扶養できない
か照会します。その他の扶養義務者については、書面での照会を行います。

※　必要な生活費は、年齢、世帯の人数等により定められており（最低生活費）、最低
生活費以下の収入の場合に生活保護を受給できます。

最　低　生　活　費	
年金・児童扶養手当等の収入	→ 支給される保護費

○　生活保護を受けられるかの判断は、上記のほか細かな規定がありますので、
詳しくは、お住まいの自治体の福祉事務所にご相談ください。

手続きの流れ

○　お住まいの自治体の福祉事務所（生活相談等の窓口）にご相談ください。

○　保護の申請を行った場合、福祉事務所は訪問調査、資産調査等を行い、
保護を受けられるかどうかや、支給する保護費の決定のための審査を行います。

○　上記の審査を行い、福祉事務所は、保護の申請から原則14日以内に生活保護を受けられるか判断
することとなっています。

生活保護の受給開始後

○　生活保護の受給中は、ケースワーカーが年数回の訪問調査を行うほか、
ケースワーカーによる生活に関する指導に従っていただく必要があります。

○　生活保護の受給中は、収入の状況を毎月申告していただく必要があります。

○　生活費のほか、家賃についても一定の基準額の範囲内で支給されます。

○　また、必要な医療、介護についても給付対象となります。

○　家計相談の支援、子どもの学習・生活支援、就労支援などの支援を受ける
こともできます（一部の自治体を除く。）。

i　●ご相談はお住まいの自治体の福祉事務所までご連絡ください。

図14-1　生活保護制度の概要

（出所）　厚生労働省ウェブサイト

　このパンフはまさに概要であり，基礎自治体ごとに独自のパンフが作成されているはずである。ただよほどのことがない限り，一般市民がこのようなパンフを目にすることはないだろう。そこで大学の初年次教育における基礎演習的な授業などで，それぞれの学生の出身自治体ではどのような生活保護紹介のパンフが作成されているか，相互にチェックしてみたらどうだろうか。

　チェックポイントは，いかに一般市民の目線に立った説明がされているか，である。特に「手続きの流れ」が重要である。例えば，①相談窓口では，生活保護の制度を詳しく説明することは当然であるが，「生活保護だけでなく，その他の今抱えている生活上の困りごとを一緒に解決しようとする姿勢が示されているか」「問題の解決に向けていくつかの質問をするが，答えられる範囲でよいという配慮がされているか」など，②申請では，相談窓口で用意されている書類を示すことは当然であるが，「原則として，書類による申請となるが，書類申請が困難な場合は，口頭による申請も可能であることが示されているか」など，③訪問・調査では，何をどこまで・どのように調査するかを丁寧に説明するとともに，特に扶養義務者への照会について「扶養は援助する人が可能な範囲で行うものであることが示されているか」「申請する人との関係でDVや虐待など特別の事情がある場合は，照会を見合わせることもあるので，事前に相談するよう配慮がされているか」など，④決定では，「決定内容に不服がある場合の審査請求について触れられているか」などである。

　受給開始後については，「保護費の受け取りの方法」「保護費の返還が必要になる場合」「地区担当者（ケースワーカー）への報告事項，特に収入の変化（高校生のアルバイト収入なども）の報告」「自立に向けてのプログラムの紹介」などがポイントになろう。

　以上のようなポイントを丁寧に盛り込んでいくと，十数ページぐらい

の分量になるが，そこまで丁寧に作り込んでいる自治体は決して多くないだろう。このようなチェック作業を経て，さらに議論すべきは，どうしたらもっと「入りやすく，出やすい制度」になるか，という点である。この点については，長年にわたり日本の貧困研究をリードしてきた研究者が生活保護の「解体」（抜本的な見直し）を主張しているが（岩田 2021），その「真意」がどこにあるのか，ぜひ参照していただきたい。

3. 国政選挙における社会保障マニフェストのチェック

　もう一つ社会保障教育のきわめて実践的な題材となりそうなのが，国政選挙のたびに各政党から打ち出される「マニフェスト」（政権公約）のチェックである。日本では投票権が18歳に引き下げられた2016年以降も国政・地方選挙の投票率が下がり続け，特に若者の投票率が低い傾向が続いているのが現状である（総務省ホームページ「国政選挙における年代別投票について」）。このような現状を踏まえ，総務省や文部科学省ではいわゆる「主権者教育」の取り組みを行っている。しかし，現実の政治を扱う授業は，学校現場では敬遠される傾向にあることはどうしても否めない。「政治的中立性」への配慮ということなのだろうが，その点も十分留意しながら，現実の政治に踏み込んだ教育は可能であろう。

　例えば，2021年の衆議院選挙で各政党がどの政策分野でどのようなマニフェストを掲げていたか，NHK の「選挙 WEB」のサイトでいまだにチェックすることができる（2022年４月時点）。選挙の際だけでなく，選挙後も引き続き，選挙時のマニフェストを踏まえて，どの政党がどのような取り組みを行っているかを検証する作業を行ってみるのもよいだろう。ちなみに以下に，同上サイトにある「年金・社会保障」に関するマニフェストについて，政党名を伏して抜き出してみた。それぞれどの政党のものかお分かりだろうか。

［A党］

　すべての世代が安心できる医療・介護・年金・少子化対策をはじめとする社会保障全般の総合的な改革をさらに進め，持続可能な全世代型社会保障を構築する。年金については，将来にわたって国民が安心できる水準を確保するとしているほか，国民皆保険を堅持する。

［B党］

　安心して老後を過ごせる社会をつくるため持続可能な年金制度の確立を目指し，最低保障機能の強化のため年金の抜本改革に着手する。また，低所得の高齢者に一定の金額を年金に上乗せして給付する制度を設けることを検討する。

［C党］

　健康寿命の延伸や安心で質の高い医療の構築を行う。介護する人の孤立を防ぐため「ヤングケアラー」と呼ばれる子どもたちの相談をはじめ，支援を総合的に推進する。年金制度では，働き方の多様化を踏まえ，パートなどで働く短時間労働者が厚生年金に加入しやすいよう，加入要件を緩和する。

［D党］

　「マクロ経済スライド」は年金を目減りさせる仕組みであり若い世代ほど年金の削減幅が大きくなるため，廃止する。高額所得者が優遇されている保険料を見直し，巨額の年金積立金を活用するなどして「減らない年金」を実現する。

［E党］

　所得に応じて，所得税を差し引いたり，現金を給付したりする「給付付き税額控除」，または，すべての国民に無条件で一定額を支給する「ベーシックインカム」を導入し今の年金制度を見直す。現行の年金制度を維持する場合は「積立方式」に移行する。

［F 党］

　給付と所得税減税を組み合わせた「給付付き税額控除」を導入した上
で，マイナンバーと銀行口座をひも付け，手当や給付金が迅速で自動的
に振り込まれる仕組みを実現する。持続可能な年金制度を設計するため，
経済財政の推計を客観的にチェックする委員会を国会に設置する。

［G 党］

　高齢者の医療や介護などについてまずは国債発行で対応し，長期的に
は累進性の高い税制度に改革する。75歳以上の高齢者の医療費は当面全
額を国費でまかない，高齢者負担をゼロにする。生活保護制度を拡充す
るほか，「最低保障年金」の創設を検討する。

［H 党］

　年金は目減りし，介護保険料が年々引き上げられて「貯蓄ゼロ世帯」
が増える中で，老後の安心を保障する社会保障制度の充実を図る。

［I 党］

　年金の支給開始年齢の引き上げを検討する。すべての国民に無条件で
一定額を支給する「ベーシックインカム」導入の議論があれば参加する。

　「マクロ経済スライド」「給付付き税額控除」「ヤングケアラー」など
年金や社会福祉政策上，きわめて重要な概念が出てくるが，一般市民は
これらをどの程度理解しているであろうか。大学教育ではこうした概念
を自分にとって身近なものと捉えられるぐらいまでに，学生の知識の水
準を上げておきたいものである。

　なお「ベーシックインカム」（国民全員に最低限の生活費を毎月配る
社会システム）については，2017年の衆議院選挙の際に各党共通の争点
になった。この点については，「選挙ドットコム」のサイトで「各党政
策比較『ベーシック・インカムの導入』への賛否」としてまとめられて

いるので，あわせて参照していただきたい。

4. 映画から感性と知識の水準を高める

　さて最後に知識の水準を高めるだけでなく，感性の水準を高めるために，社会の矛盾を鋭く描き出す映画を題材にすることを検討してみよう。この数年，経済格差や貧困を取り上げた映画作品が増え，興行成績も良く，映画賞受賞作品も少なくない。それだけ人々の関心や共感の水準が高まっているということであろう（このあたりは町山（2021）を参照）。サブスクリプションなどで映画作品に触れる機会が飛躍的に増大した昨今であるが，作品に描かれた社会の背景的・制度的知識を深掘りしていくことを大学教育の中で促していきたいところである。

　ここではイギリス社会の矛盾を撮り続けてきたケン・ローチの比較的最近の2作品，「わたしは，ダニエル・ブレイク」と「家族を想うとき」を取り上げてみよう。ローチは80歳を超える老監督であるが，彼を突き動かしているのは，人々の人生を大切にしない国家に対する怒りである。

　「わたしは，ダニエル・ブレイク」は，初老を迎えた大工職人ダニエルが心臓病で働くことを止められ，雇用支援手当を申請しに行くところから始まる。そこに幼い子ども2人をかかえたシングルマザーのケイティとの出会いがあり，そろってイギリスの社会保障制度に翻弄される姿が描かれる。ストーリーを詳しく述べることは避けるが，この作品の隠れたキーワードは「ワークフェア」改革というイギリスの社会保障制度を特徴づける政策方針である。

　「ワークフェア」とは，「福祉」（Welfare）の受給者に対して，一定の「就労」（Work）への努力を義務づけ，自立を促す政策思想である。なお，ワークフェアには，福祉給付の条件を厳格化し受給者にペナルティを科

すことによって就労を強制する「就労強制型」の政策類型と，職業教育や技能訓練の機会を提供することで就労能力の向上を図ろうとする「就労支援型」の政策類型の2つの側面がある（二宮 2019を参照）。イギリスはこのうち前者の性格が濃い国と位置づけられている。

ローチの映画では，この就労強制型のワークフェアが人々の尊厳をいかに傷つけているかを鋭く描き出しているが，このようなワークフェア政策を支える道徳的思想があることについても触れておこう。

映画のラストでダニエルが書いたメモが読み上げられるシーンがある。そこには「……わたしは怠け者（shirker）ではないし，たかり屋（scrounger）でも，物乞いでも，泥棒でもない。……わたしはダニエル・ブレイク，一人の市民だ。それ以上でもそれ以下でもない。」と書かれていた。ところが，福祉の受給者を「怠け者」「たかり屋」と捉える「道徳的アンダークラス言説」（貧困層の道徳的退廃を問題視する社会的な語り）がイギリスでは根強く，大衆メディアでも頻繁に取り上げられている（二宮 2019，鈴木 2018を参照）。

なお，日本でも生活保護受給者に対する「バッシング」は根強く，申請者にとって「スティグマ」（差別・偏見の対象となる負のイメージ）となっていることは指摘されて久しい。

この作品はこのようなイギリスの政策思想や社会的言説を踏まえたうえで鑑賞すれば，より深い洞察を得られるであろう。幸いにも昨今のインターネットの発達により，映画内容の詳細な解説サイトが増えてきた。解説記事の中から，映画の背景にあるものを深く考察していく姿勢を身につけさせたいものである。

次に「家族を想うとき」は，リッキーという40代の父親が主人公。リッキーは家族のための家を得るために，宅配会社と配達ドライバーの「個人事業主」として業務委託契約を交わす。しかし実際には会社からの

　様々な指示命令や課せられたノルマにどんどん疲弊していく。家族のために懸命に働こうとすればするほど，訪問介護士として働く妻アビー，小学生の娘ライザ，高校生の長男セブを巻き込んで，家族が崩壊していく姿が哀しく描かれる。なお，原題の「Sorry We Missed You」は宅配の「不在連絡票」に書かれている「不在につき，持ち帰ります」という常套句だが，「私たち家族は，あなたがいなくて寂しく思います」という意味も込められているのかもしれない。

　ここでのキーワードは「ギグエコノミー」である。これは音楽奏者が一度限りのセッションを行うこと（ギグ）から，「インターネットを通じた単発や短期の仕事を請け負ってお金を稼ぐといった働き方や，そうした仕事でお金が回っている経済」のことを意味する。このような働き方をする人たちを「ギグワーカー」というが，イギリスに限らず，世界中で広がりつつある。ギグワーカーは企業に「雇われずに」働く一見自由な労働者であるが，実際には労働者として享受できる法的権利を得ることができず，不自由な側面も決して少なくない。

　リッキーも報酬は委託された荷物の量だけで決まり，いくら働いても残業代は出ないし，最低賃金や労災も適用されない。配達車の維持や管理も自己負担である。

　一方，妻アビーは「ゼロアワー（ゼロ時間）契約」で働いている。ゼロアワー契約は「週当たりの労働時間数が保証されず，就労時間に応じて給与をもらう勤務形態」である。これはそもそも「雇用主が就労時間を保証しないかわりに，労働者も必要とされた場合に可能であれば就労する」という，相互に都合のよい契約であったはずだが，実際には「待機時間に対する賃金が支払われない」「企業に雇用される従業員に適用される出産や解雇に関する権利が享受できない」など労働者としての権利が十分に保障されていないことがイギリスでは問題とされている（沼

230

知 2013参照）。

　これらの問題はイギリスだけのことではなく，日本でも身近に存在する労働問題である。個人事業主としては，フランチャイズ制のコンビニエンスストアのオーナー，ギグワーカーとしては，コロナ禍で急速に普及した料理宅配サービスの配達人などがすぐに想起されよう。いずれも「自由な働き方」の反面，労働者としての基本的な権利が十分に保障されていないところに大きな問題がある。

　先に労働法教育について労働法の「肝」にあたるところを説明したが，労働法の対象はあくまで「使用者に雇用される労働者」である。使用者の指揮命令の下に働くという「労働者性」の点で曖昧な働き方が増えてくることの問題にも気づきたい。

　以上，ケン・ローチによる2つの映画作品を取り上げたが，優れた映画作品は必ずしも前提知識がなくても十分に感動を与えてくれる。しかし，そこに描かれた社会の背景にある制度的知識を追うことで，観る者の感性の水準をさらに上げることができよう。このように映画鑑賞を通して，若者の制度的知識や感性の水準を上げる試みを学校教育の中で展開していくことが望まれる。

● おわりに

　本章では，社会政策をより身近な問題として捉えることができるように，労働法・社会保障教育の題材として有益になりそうなトピックをいくつか取り上げてみた。このほかにもいろいろなトピックが挙げられそうなので，各自で独自の題材を考えていただきたい。

参考文献

居神浩編著（2015）『ノンエリートのためのキャリア教育——適応と抵抗そして承認と参加』法律文化社

日本ワークルール検定協会編（2020）『ワークルール検定 初級テキスト［第3版］』旬報社

岩田正美（2021）『生活保護解体論——セーフティネットを編みなおす』岩波書店

町山智浩（2021）『それでも映画は「格差」を描く』集英社インターナショナル

二宮元（2019）「緊縮期のワークフェア改革：ニューレイバーからキャメロンへ」『大原社会問題研究所雑誌』733号，pp.3-18

沼知聡子（2013）「英国：ゼロ時間契約の増加——柔軟な働き方なのか，雇用主による搾取なのか？」大和総研リサーチレポート　https://www.dir.co.jp/report/research/economics/europe/20130826_007601.pdf（確認日　2022.8.16）

鈴木宗徳（2018）「イギリスの大衆メディアにおける貧困報道：連立政権下の福祉改革への影響を中心に」『大原社会問題研究所雑誌』719・720号，pp.71-85

15 | 日本が進むべき道

居神 浩

《目標&ポイント》 全体のまとめとして，日本政府が掲げる「社会保障と働き方のあり方」について確認したうえで，先進諸国が目指すべき社会政策の主要目標の観点から日本の課題を浮き彫りにする。さらに日本が抱える課題を「公正」と「社会的つながり」に定位したうえで，日本が今後進むべき道を考える際の哲学的視座を提示する。
《キーワード》 公正，社会的つながり，格差原理，無知のヴェール，エンパシー

1. 令和時代の社会保障と働き方のあり方

　まず第1章で取り上げた『令和2年版 厚生労働白書』より，「令和時代の社会保障と働き方のあり方」として掲げられた政策の方向性を確認しておこう。

　第1章では，①人口，②寿命と健康，③労働力と働き方，④技術と暮らし・仕事，⑤地域社会，⑥世帯・家族，⑦つながり・支え合い，⑧暮らし向きと生活を巡る意識，⑨社会保障制度というテーマに沿って，平成の30年間の変容と2040（令和22）年にかけての予測について，若干の補足を加えながら紹介してみた。

　白書はこうした動向を「人生」「社会」「生活」「制度」の4つの側面から，それぞれ⑴健康・生き方，⑵担い手・人口，⑶つながり・暮らし，⑷機能の強化・持続可能性の強化という視点で整理したうえで，以下の

ような方向性を示している。

①　人生100年時代に向けて

②　担い手不足・人口減少の克服に向けて

③　新たなつながり・支え合いに向けて

④　生活を支える社会保障制度の維持・発展に向けて

　いずれも社会政策的に重要な課題であるが，ここでは①「人口減少社会」という前提条件の下に，就業率の向上が見込まれる女性および高齢者のさらなる就業率の上昇を通じて，経済および社会保障の「担い手を増やす」こと，ⅱこれまでの日本の社会保障を支えてきた「血縁・地縁・社縁」（家族・親族・地域社会・会社のつながり）の弱まりに対して，

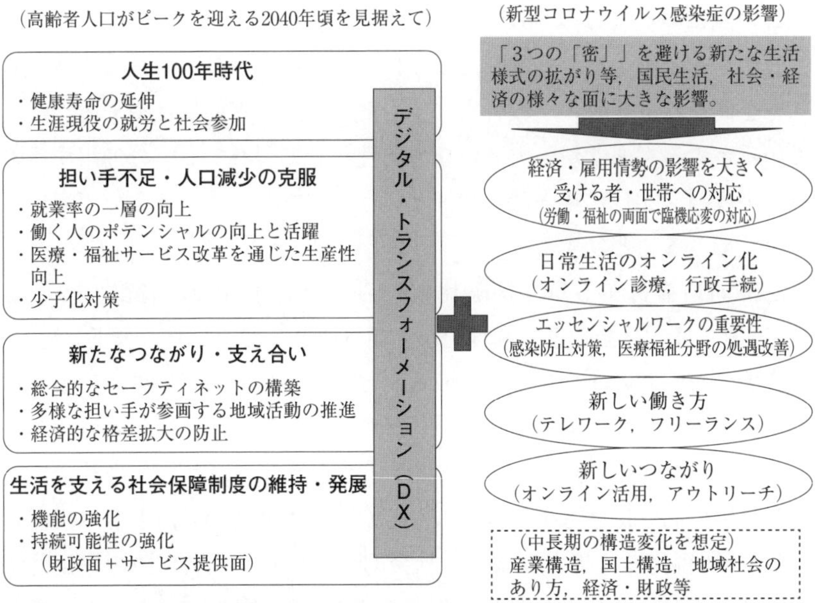

（高齢者人口がピークを迎える2040年頃を見据えて）　　（新型コロナウイルス感染症の影響）

人生100年時代
・健康寿命の延伸
・生涯現役の就労と社会参加

担い手不足・人口減少の克服
・就業率の一層の向上
・働く人のポテンシャルの向上と活躍
・医療・福祉サービス改革を通じた生産性向上
・少子化対策

新たなつながり・支え合い
・総合的なセーフティネットの構築
・多様な担い手が参画する地域活動の推進
・経済的な格差拡大の防止

生活を支える社会保障制度の維持・発展
・機能の強化
・持続可能性の強化
　（財政面＋サービス提供面）

デジタル・トランスフォーメーション（DX）

「3つの「密」」を避ける新たな生活様式の拡がり等，国民生活，社会・経済の様々な面に大きな影響。

経済・雇用情勢の影響を大きく受ける者・世帯への対応
（労働・福祉の両面で臨機応変の対応）

日常生活のオンライン化
（オンライン診療，行政手続）

エッセンシャルワークの重要性
（感染防止対策，医療福祉分野の処遇改善）

新しい働き方
（テレワーク，フリーランス）

新しいつながり
（オンライン活用，アウトリーチ）

（中長期の構造変化を想定）産業構造，国土構造，地域社会のあり方，経済・財政等

図15-1　令和時代の社会保障と働き方のあり方
(出所)　『令和2年版 厚生労働白書』より引用。

ボランティアや寄付などの新たなつながりを増やしながら「地域共生社会」（地域住民や地域の多様な主体が分野や属性の壁を越えた協働を実践し，誰もが支え合う地域を創っていくこと）の実現を目指すこと，⑬これまで日本国民の生活を支えてきた社会保障制度の「持続可能性」を強化するために，「制度の財政的支え」を増やすとともに，「人生100年時代」を支える「医療・福祉サービスの担い手」を十分に確保すること，というように整理し直しておこう。

　次にこれらの今日的な政策課題を踏まえたうえで，より一般的な社会政策上の目標について検討してみよう。

2.　先進諸国の社会政策の今日的な主要目標

　この点については，再び『平成24年版 厚生労働白書』を取り上げることにする。第1章でも触れたように，この白書は日本の社会保障のあり方を問うには絶好の「教科書」でもある。データ的にはやや古くなっているところもあるが，大まかな方向性として現在でも十分通用するので，平成24（2012）年当時の状況ということを踏まえたうえで丁寧に振り返ってみることにする。

　さて同白書は第5章「国際比較からみた日本社会の特徴」の中で「OECDでは，社会政策の今日的な主要目標として，自立，公正，健康，社会的つながりの4つを定めている」として，各々の指標における日本の特徴を端的に示したうえで，「国際比較からみた日本社会の姿」として，「経済水準の高さ，就業率の高さ，教育水準の高さ，長寿社会を実現した質の高い保健医療システムなどが，日本社会の長所として挙げられる」「所得格差，男女間格差，社会的つながり，社会保障の安定財源確保等の問題に取り組むことが今後の日本社会の課題である」と総括されている。ここではこの総括を踏まえて，「公正」と「社会的つながり」

表15‒1　先進諸国における社会政策の主要目標

［比較対象国］

OECD に加盟する全34か国のうち，地域性や福祉レジーム等を念頭に，以下の13か国を対象とした。

分類	対象国
アングロサクソン諸国	アメリカ，イギリス，オーストラリア，カナダ
北欧諸国	スウェーデン，デンマーク
大陸ヨーロッパ諸国	ドイツ，フランス，オランダ
南欧諸国	イタリア，ギリシャ
東アジア諸国	韓国，日本

［対象データ名（指標）および概要（定義）］

該当領域	データ名（指標）	概要（定義）
一般的な背景 （General Context）	1人当たり GDP	GDP（国内総生産）を総人口で除した値（購買力平価換算）
	人口（年齢別）	年齢層別の人口（15歳未満，15歳以上65歳未満，65歳以上）
	出生率（合計特殊出生率）	出産可能年齢（15-49歳）の女性について，各年齢（層）ごとの出生率を合計した値
	婚姻率，離婚率	人口1,000人当たりの婚姻件数，離婚件数（非婚のカップル，別居の既婚者は含まず）
自立 （Self-sufficiency）	就業率	自営業または賃金労働者として就業している人口比率
	失業率	就労機会を求めているが，調査実施週に1時間以上働かなかった人口比率
	教育達成度（学歴別人口）	学歴別（後期中等教育未満，後期中等教育以上，高等教育）の生産年齢人口割合
	教育達成度（PISA結果）	PISA の読解力および数学的リテラシーの平均得点（OECD 平均が500点になるよう調整済） ※科学的リテラシーについてはグラフ化していない。

公正 （Equity）	相対的貧困率（所得再分配前・後）	世帯所得が全世帯の中央値の半分未満である人の比率
	ジニ係数（所得再分配前・後）	人口と所得比率の積み上げからなる三角形全体に対するローレンツ曲線と45度線の間の面積比率
	男女間賃金格差	男性の平均賃金（中央値）に対する男女間平均賃金（中央値）差の比率
	失業給付水準	世帯主が失業時の純世帯所得を，世帯主が雇われていた際の純世帯所得で除した値
	公的社会支出	一般政府（中央政府，地方政府，社会保障機関）の管理下でなされる1つ以上の社会目標（低所得，老齢，失業，障害等）を伴う現金給付，税の優遇措置，現物給付関連支出
	私的社会支出	一般政府以外に管理されない社会支出
健康 （Health）	寿命	特定年の年齢ごとの死亡率を前提とした0歳児の平均余命
	乳児死亡率	1歳未満で死亡した子どもの人数（出生千人対）
	肥満率	BMI25以上
	保健医療支出	公共部門・民間部門による保健医療分野の財・サービスの最終消費額と基盤部分への投資額
社会的つながり （Social Cohesion）	生活満足度	主観的福祉（全般的に自分の生活について満足している水準（10段階で7以上））
	政治制度，公的機関への信頼度	政府，議会，公務サービスを大いにあるいはある程度信頼している人の比率
	国政選挙の投票率	有権者のうち国政選挙に投票した人の比率
	労働組合加入率	賃金労働者のうち労働組合に加入している人の比率
	自殺率	人口10万人当たりの自殺者数

（出所）　『平成24年版 厚生労働白書』より引用。

および「社会保障の規模と負担」に着目して，日本の課題を検討してみよう。

（1）公正について

　まず「公正」に関する指標について。「公正に関する指標は，所得の分配と機会の平等及び個人の社会的自立の程度を反映しており，日本は全般的に低いパフォーマンスを示している」と白書では指摘されている。

　以下，各々の指標について，当時の日本の状況の記述を抜き出しておく。

① 相対的貧困率

　日本の相対的貧困率は，再分配前後ともに，2000年代中頃からOECD平均を上回っている。

② ジニ係数

　ジニ係数は，社会における所得分配の不平等さを表す指標であり，日本では，再分配前後共に，OECD平均を上回っている。

③ 男女間賃金格差

　フルタイム労働者の男女間賃金格差は，欧米諸国より高い水準となっている。

④ 失業給付水準

　日本の失業給付の水準は，OECD平均よりも約15ポイント高いが，他の社会扶助給付を加えた場合はOECD平均とほぼ同程度である。

　ここでは第1章ではあまり取り上げなかった「相対的貧困率」と「男女間賃金格差」について若干の補足を行っておきたい。

　まず「相対的貧困」とは，その国や地域の水準の中で比較して，大多数よりも貧しい状態のことを意味する。所得で見ると，世帯の所得がその国の「等価可処分所得」（世帯の収入から税金・社会保険料等を除いたいわゆる手取り収入を世帯人員の平方根で割って調整した所得）の中央値（データを大きい順に並べた時の中央の値）の半分（貧困線）に満たない状態のことである。したがって相対的貧困率とは全世帯に占める「貧困線」以下の世帯の割合ということになる。

　ところで貧困に関するデータの整理としては，日本における貧困研究の第一人者である阿部彩（東京都立大学教授・子ども・若者貧困研究センター センター長）が作成している「貧困統計ホームページ」（https://www.hinkonstat.net/）が有益である。同サイトにアップされている「相対的貧困率の長期的動向：2019年国民生活基礎調査を用いて」より近年の動向を見ると，「高齢単独世帯」「子どものいる世帯」の貧困が大きな課題であることが改めて確認できる。なおこのサイトでは日本だけでなく「国際機関（国連，OECD，EU）」や「主要国（フランス，イギリス，アイルランド，ニュージーランド）」のデータや，貧困をただ金銭的や物質的な欠如だけではなく，人と人との関係性や，人と社会の関係性にも着目した「社会的排除」「社会的包摂」に関する資料なども掲載されているので，ぜひこちらも参照していただきたい。

　次に「男女間賃金格差」についてだが，これはより広く「ジェンダー・ギャップ」と捉えてみたい。この点については，これを指標化したものとして，「ジェンダー・ギャップ指数」という指数があるので，内閣府男女共同参画局『共同参画』（2021年5月号）より概要を紹介しておこう。

　「ジェンダー・ギャップ指数」は世界経済フォーラム（World Economic Forum：WEF）が各国における男女格差を測る指数として

2006年より毎年作成・公表しているもので,「経済」「政治」「教育」「健康」の４つの分野のデータから作成され, ０が完全不平等, １が完全平等を示している。2021年３月に公表されたデータによれば, 日本の総合スコアは0.656, 順位は156か国中120位（前回は153か国中121位）だった。先進国の中で最低レベル, アジア諸国の中で韓国や中国, ASEAN 諸国より低い水準である。日本は, 特に,「経済」および「政治」における順位が低くなっており,「経済」の順位は117位,「政治」の順位は147位となっている（いずれも156か国中）。WEF の報告では, 日本は政治分野において国会議員の女性割合は9.9%, 大臣の同割合は10%に過ぎないことなどにより「政治」のスコアが低いままであること, また, 経済分野についても, 管理職の女性の割合が低いこと（14.7%）, 女性の72%が労働力になっている一方, パートタイムの職に就いている女性の割合は男性のほぼ２倍であり, 女性の平均所得は男性より43.7%低くなっていることが指摘されている。

　日本は世界に冠たる「男女平等後進国」であることを改めて確認できる指数であるが,「貧困」の問題とあわせて「公正」を実現することの難しさを認識するとともに, このような指標化・数値化によって問題の所在を常に意識しておく必要があろう。

（２）社会的つながり

　次に「社会的つながり」に移ろう。上記（１）の同白書によれば「『社会的つながり』に関する指標は, 国民の社会参加の程度や, 日常生活から得る満足度等を反映しており, 日本は多くの課題を抱えているといえる」と指摘されている。以下,（１）と同様に白書の記述をまず抜き出しておく。

① 生活満足度

　日本では，他の先進諸国と比較して，男女ともに低い生活満足度と
なっている。

② 政治制度，公的機関への信頼度

　日本では，政治制度・公的機関への信頼度がOECD平均よりも低く
なっている。

③ 国政選挙の投票率

　日本の国政選挙の投票率は，カナダ，アメリカに次いで低い。

④ 労働組合加入率

　日本の労働組合加入率は，OECD平均とほぼ同水準となっており，
長期低下傾向にある。

⑤ 自殺率

　日本の自殺率は，男女ともに高い水準となっている。

　まず「生活満足度」について，これを「幸福度」としてより広く把握
してみたい。この点については「世界幸福度ランキング」という指標が
あるので，紹介しておこう。

　世界幸福度ランキングとは，国連の持続可能な開発ソリューション
ネットワーク（SDSN）が，毎年3月20日の「国際幸福デー」に合わせ
て発表している「世界幸福度報告」に基づくランキングデータである。
調査は世界の150か国以上を対象に行われ，2012年から毎年実施されて
いる。なお2021年の報告については，以下のURLにアップされている。
https://worldhappiness.report/ed/2021/

　調査方法としては，個々人の主観的な幸福度を調べるために0〜10ま
での11段階のはしごをイメージし，自分自身の生活への満足度が，今ど
こにあるのかを判断していく方法がとられている。

　このようにして測定された幸福度を説明する要因として，以下の6項目が考慮されている。

① 　1人当たり国内総生産（GDP）
② 　社会的支援（困ったときに頼ることができる親戚や友人がいるか）
③ 　健康寿命
④ 　人生の自由度（人生で何をするかの選択の自由に満足しているか）
⑤ 　他者への寛容さ（過去1か月の間にチャリティなどに寄付をしたことがあるか）
⑥ 　国への信頼度（社会・政府に腐敗が蔓延していないか）

　2021年の世界幸福度ランキングの上位10か国は以下の通りである。

1位	フィンランド
2位	デンマーク
3位	スイス
4位	アイスランド
5位	オランダ
6位	ノルウェー
7位	スウェーデン
8位	ルクセンブルク
9位	ニュージーランド
10位	オーストリア

　ちなみにジェンダー・ギャップ指数のランキング（2021年）の上位国は幸福度のランキングの上位国とかなり重なっているので，各自確認していただきたい。
　さて日本の順位であるが，56位である。日本は2010年代前半は40位台

であったが，後半には50位台に落ち込み，2018年から2020年は2018年54位，2019年58位，2020年62位と毎年過去最低を記録していた。2021年はやや回復してこの順位となっている。

　日本の順位が低い理由は「人生の自由度」と「他者への寛容さ」の2項目の低さにある。GDPや健康寿命など，客観的な数値で示されるデータに限れば，これまでも確認してきたように日本は間違いなく「幸せな国」である。一方で，国民の主観に基づくデータを含めると，「幸せではない国」としての姿が浮かび上がってくる。

　なおこのランキングでの「他者への寛容さ」は，寄付やボランティア活動が非常に大きな要素となるが，その他にも「他者との関係性」がどのように幸福度に影響するのか，さらに検討してみる必要がありそうである。白書では「社会的つながり」に関する指標として，「国政選挙への投票率」や「労働組合への加入率」が挙げられていたが，その他の「つながり」として何が考えられるのかを検討するとともに，さらに「つながり」が絶たれた結果としての「自殺率」の動向（かつて年間3万人を超えていた）には今後も注目する必要があろう。

　ランキング上の順位に一喜一憂する必要はないが，このような数値に時々触れることで，日本人の幸福のあり方について立ち止まって考えることは重要であろう。ここでは「人生の自由度」（人生で何をするかの選択の自由に満足しているか）において，日本の数値が良好でないことを一つの大きな課題であることとして受け止めておきたい。

　以上，先進諸国の社会政策の主要課題として「公正」や「社会的つながり」に着目して若干の補足を行ってきたが，これらを包摂するものとして，「持続可能な開発目標：Sustainable Development Goals，略称：SDGs（エスディージーズ）」が最近注目されていることにも少し触れておこう。これは2015年の国連総会において採択された「持続可能な開発

のための2030アジェンダ」に基づくもので，「貧困」「保健と福祉」「教育」「ジェンダー平等」「気候変動」など17の主要目標と169の達成基準からなる。行政機関や企業，大学などでもSDGsへの賛同を示すところで急激に増えてきたので，ご存知の方も多いだろう。ただし，これについては「SDGsでは解決にならない」として，地球環境の根源的制約を意識し，資本主義システムの根本的変革（「コモン」という新しい「社会的つながり」）を目指す若き思想家による『人新世の「資本論」』（斎藤2020）が新書としては異例の大ベストセラーになるほど人々の共感を集めていることも指摘しておこう。なおこれに関連してだいぶ以前から，経済成長を絶対的な目標とせずとも十分な豊かさを達成できる社会として「定常型社会」を提起する見解（広井 2001, 2019）もあることを紹介しておこう。

（3）社会保障の規模と負担

　最後に「社会保障の規模と負担」について。これもまずは当時の状況を上記（1）の同白書の記述から抜き出しておこう。

① 社会保障の規模
 ・日本の公的社会支出の対 GDP 比は増加傾向にあるが，一貫して OECD 平均より低い。
 ・日本の私的社会支出の対 GDP 比は，3％程度で推移している。
 ・日本の社会支出は，公的，私的ともに，先進諸国中では中規模となっている。
② 社会保障の給付規模
 ・給付の規模を部門別に比較すると，年金は米英を上回り，医療は米英や欧州諸国を下回る規模となっている。

・保育，家族手当などの家族関係社会支出の対 GDP 比は低く，フランスやスウェーデンなどに比べて 3 分の 1 程度の規模にとどまっている。

・日本は，高齢化率は大きく増加しているものの，社会支出の規模の拡大は，欧米諸国より低く推移している。

③　社会保障の負担規模

・日本の国民負担率の水準は，先進諸国の中では低い水準にある。

・OECD 主要国では，国民負担率が高齢化などに伴いおおむね上昇する中，日本は税収の落ち込み等で低下傾向にある。

　以上の点については，『令和 2 年版　厚生労働白書』の記述からいくつか補足しておこう。まず国際比較的に見た日本の社会保障の特徴として次の「政策分野別社会支出の国際比較」からいくつかの論点を指摘してみよう。

　ここでまず注目されるのは，日本は主要欧米諸国（イギリス，フランス，ドイツ，スウェーデン，アメリカ）の社会保障の給付構造と比べると，「住宅」「失業」「家族」「積極的労働市場政策」（失業手当の給付とは別に，公共職業安定所や職業訓練施設等を利用し就職相談や職業訓練等を実施することにより，失業者を労働市場に復帰させる政策のこと）などといった「比較的若い世代への支出」が低いこと，したがって「高齢者を中心とした構造」となっている点である。次に対 GDP 比で見て社会保障全体の規模が必ずしも大きくない点が指摘できる。この点は次の負担面とあわせると課題がより浮き彫りになってくる。

　さてその負担面であるが，「国民負担率（社会保障負担と租税負担の合計額の国民所得比）」の観点から国際比較的に見てみよう。なおこのデータは財務省のサイトで毎年 2 月末頃に最新の数字が公表されるので

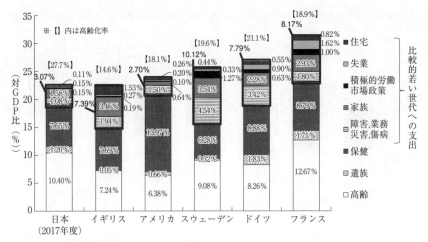

図15-2　政策分野別支出の国際比較

（資料）　社会支出については OECD Social Expenditure Database, 国内総生産・
国民所得については，日本は内閣府「平成28年度国民経済計算年報」，諸外
国は OECD National accounts 2017, 高齢化率については，日本は総務省統
計局「国勢調査」，諸外国は United Nations, World Population Prospects：
The 2017 Revision であり，これらより国立社会保障・人口問題研究所が作
成した資料をもとに厚生労働省政策統括官付政策統括室において作成。

（注）　諸外国の社会支出は2015年度。

（出所）　『令和 2 年版 厚生労働白書』より引用。

その都度確認していただきたい。

　主要欧米諸国と比較すると，アメリカの31.8％を上回るものの，欧州
諸国と比較すると低い水準にある。また，社会保障負担率では，アメリ
カ，イギリス，スウェーデンを上回るものの，ドイツ，フランスより低
い水準となっている。なお，ここでは図として記載しないが，OECD
加盟国35か国内で比較してみると日本は26番目であり，やはり負担下位
国に属することが確認できる。

　給付構造とあわせて見ると，かなり低い負担で，あまり大きいとも言

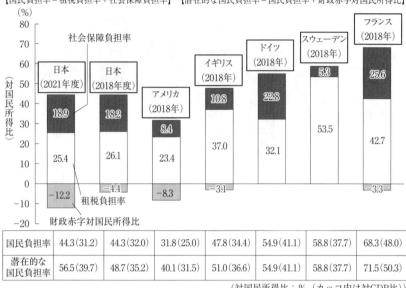

【国民負担率＝租税負担率＋社会保障負担率】【潜在的な国民負担率＝国民負担率＋財政赤字対国民所得比】

	日本 (2021年度)	日本 (2018年度)	アメリカ (2018年)	イギリス (2018年)	ドイツ (2018年)	スウェーデン (2018年)	フランス (2018年)
国民負担率	44.3(31.2)	44.3(32.0)	31.8(25.0)	47.8(34.4)	54.9(41.1)	58.8(37.7)	68.3(48.0)
潜在的な 国民負担率	56.5(39.7)	48.7(35.2)	40.1(31.5)	51.0(36.6)	54.9(41.1)	58.8(37.7)	71.5(50.3)

（対国民所得比：％（カッコ内は対GDP比））

図15-3　国民負担率の国際比較

（注1）　日本の2021年度（令和3年度）は見通し，2018年度（平成30年度）は実績。
　　　　　諸外国は2018年実績。

（注2）　財政収支は，一般政府（中央政府，地方政府，社会保障基金を合わせたもの）
　　　　　ベース。
　　　　　　ただし，日本については，社会保障基金を含まず，アメリカについては，
　　　　　社会保障年金信託基金を含まない。

（資料）　日本：内閣府「国民経済計算」等　諸外国：OECD "National Accounts"，
　　　　　"Revenue Statistics"，"Economic Outlook 108"（2020年12月1日）。

（出所）　財務省ウェブサイトより引用。

いがたい給付を支えているという姿（「低負担中福祉」の国）が浮き彫
りにされる。このような日本の福祉国家の「かたち」をどのように変え
ていくべきか，第1章で示した「企業と家族に依存した福祉国家」とい
う「かたち」と合わせて，日本が今後進むべき道を考えるうえでの最も

大きな課題として捉えておきたい。考えられる方向性は，負担の低さに
応じて福祉を切り詰めるか，より充実した福祉のために，より多くの負
担を引き受けるかの，どちらかであろう（前者を支持する見解として，
八代 2011，後者を支持する見解として，井手 2018を挙げておこう）。
どちらの道を選ぶのか，そこには単なる個人の利害だけでなく，社会全
体の公正さを考える理念なり哲学が必要であろう。

3. 社会政策・福祉国家を支える理念や哲学

　ここまで日本社会が抱える社会政策上の課題として，「公正」と「社
会的つながり」を指摘したうえで，日本の進むべき道として，この国の
福祉国家の「かたち」をどのように変えていくべきか，という論点提起
をしてみた。この点を論じるうえで重要なのは，一国の社会政策や福祉
国家を支える理念なり哲学なりを原理的に考察してみることである。
『平成24年版 厚生労働白書』では第 2 章「社会保障と関連する理念や哲
学」で「効率と公正」に関する議論を展開しているので，再び要点を抜
き出しながらまとめてみる。

・初期の資本主義社会では，市場主義の発達に伴い「効率」が重視され
　るようになり，国家の役割は「夜警国家」，「安価な政府」としての役
　割に限定されていた。
・産業資本主義の発展とともに，効率の追求のみでは解決できない問題
　が発生し，政府による「公正」の実現の必要性が議論されるように
　なった。さらに政府が公正を実現する役割を担う部分は大きくなり，
　「福祉国家」になっていく。
・産業資本主義社会では，「効率か，公正か」は往々にしてせめぎあっ
　てきたが，社会保障には，公正だけでなく，効率にも資する側面があ

る。
・効率と公正の二者択一的議論から脱し，人々が真に幸せになるために
　は本質的に何が必要かを，具体的かつ全体的に整合性のとれた形で考
　えていく必要がある。

　福祉国家の展開の背景にある「効率と公正」に関する議論について，
二項対立ではなく，「人々の真の幸せ」という視点で議論を深めていこ
うという提言はきわめて重要である。ただし，「効率」と比べて「公正」
に関する議論はどうしても分かりにくくなってしまう。それがゆえに議
論として避けられる傾向にあるのだが，これに腰を据えて正面から向き
合う姿勢が大事であろう。
　ここでは「公正」に関して深い考察を行った哲学的議論について1つ
紹介しておこう。白書でも補論として取り上げられているアメリカの哲
学者であるジョン・ロールズの正義論の考察である（読みやすい解説書
として，齋藤・田中 2021，仲正 2020の2冊を挙げておく）。
　ロールズは，国家が積極的に市場に介入し，雇用の創出や年金・医療
などの社会保障・社会福祉的な政策を通じて，個人の自由を実現すると
いう福祉国家の理念を前提としたうえで，そのような体制でも生じる社
会的・経済的不平等の存在を自らの問題意識に置く。
　この問題に対するロールズの考え方はきわめて「原理的」なものであ
る。原理的というのは，そもそも不平等のない社会をつくるにはどうす
べきか，というように社会の根本的な成り立ちに遡った考えを展開して
いくからである。
　まずロールズは，「原初状態」というきわめて抽象的な仮定を置く。
原初状態とは，人々は自分の生まれ持った才能，性格，運，財産，信条
などの諸条件について全く分からない「無知のヴェール」で覆われ，な

おかつ相互に，互いの持った各条件についても全く分からないし関心も持たない，というような状態である。

　次にこのような状態の下で，人々は平等で公正な社会秩序をつくることを選択するかを考える。人々は自分が生まれ持った条件が一切分からないので，「自分が最も不利な条件で生まれ落ちた可能性」を考えて，社会秩序を選ぶはずだというのが，ロールズの答えである。

　このような前提を準備したうえで，平等で自由な社会を構成する原理として，ロールズが導き出したのが，次の2つ（ないし3つ）の原理である。

・第一原理：各人は，他人の同様な自由と両立する限りで，最大限の平等な基本的自由を享受する権利を持つ。これを「自由原理」と呼ぶ。なおここで基本的自由とは，参政権，言論の自由，人身の自由，私的所有権などである。

・第二原理：社会的，経済的不平等が許されるのは，

　(a)　最も恵まれていない人に最大限の利益が与えられる場合と，

　(b)　経済的に恵まれた役職や社会的立場に対して，各人に公平な機会が平等に与えられている場合に限られる。(a)を格差原理，(b)を機会均等原理と呼ぶ。(a)は，最悪の場合の利益が最大になるといった意味で「マキシミン原理」とも呼ばれる。

　ロールズはこれらの原理には優先順位があるとして，誰もが自由に幸福を追求する原理（自由原理）を最優先に置いたうえで，次に人々に公平な機会が与えられることを保障し（機会均等原理），さらにそこで生まれる格差を最大限に是正する（格差原理）というように，社会を構成すべきであると考えた。

　このようなロールズの原理的な社会構想に対して，自由を最大限に尊重すべきであるとする「リバタリアニズム」や，個人の属する共同体の

価値を重視すべきであるとする「コミュニタリアニズム」などからの批判もあるが，自由で平等な社会を構想するうえできわめて説得的な考え方であると認めてよいだろう。

　社会政策のあり方を原理的に考えるうえでも，ロールズのように自分とは異なる他者の存在（もっともロールズにおいては「原初状態」における仮想的な他者であるのだが）を意識することはきわめて重要だと思われる。この点について，「エンパシー」（empathy）という概念を紹介しておこう。これは，イギリス在住の保育士で，ライター・コラムニストとして活躍しているブレイディみかこ氏が最近の著作で取り上げたもので（ブレイディ 2021），自分の息子の言葉を借りて「自分で誰かの靴を履いてみること」と表現した。「シンパシー」が「同情」と訳されるのに対して，「エンパシー」は一般には「共感」と訳されることが多いが，「自分で誰かの靴を履いてみること」という日常的感覚から，「他者の立場に立って，その人だったらどう考えるか，どう感じるかということを想像してみる能力」という形で提示したところ，大変な反響があったという。単なる「同情」でも「共感」でもない，「他者への想像力」である。ブレイディみかこ氏はこのような力を各人が身につけるべきであるという道徳的言説としてではなく，どこまでも「エゴイスト」でしかない人間が話し合いの場を持ったとき，それぞれがある程度は譲り合いながら，賛成はできなくても少しでも相手のことを理解できれば，落とし所が見つかるかもしれないし，相手を説得できるかもしれないという民主主義的期待として語っている。民主主義が「多数者による専制」にもなりかねない社会の趨勢の中，自由で平等な社会を構想していく際の議論のあり方として，「無知のヴェール」や「エンパシー」といった概念を心にとめて議論に臨むことの重要性を最後に指摘しておきたい。

●おわりに

　最終章では，先進諸国が目指すべき社会政策の主要目標の観点から日本が抱える課題を「公正」と「社会的つながり」に定位したうえで，日本が今後進むべき道を考える際の哲学的視座を提示してみた。社会政策を研究する者として最も避けたいのは，この社会が分断されていくこと，利害を異にする他者との間で対話が成立しなくなっていくことである。21世紀に入ってすでに20年が過ぎたが，その傾向は次第に強まっているように思われる。これまでの講義を通じて，根本的には分かり合えないかもしれないが，少しでもお互いを理解し合いながら，より公正で自由な社会を創り出していくきっかけが得られたのならば幸いである。

参考文献

ブレイディみかこ（2021）『他者の靴を履く──アナーキック・エンパシーのすすめ』文藝春秋

広井良典（2001）『定常型社会──新しい「豊かさ」の構想』岩波書店

広井良典（2019）『人口減少社会のデザイン』東洋経済新報社

井手英策（2018）『幸福の増税論──財政はだれのために』岩波書店

厚生労働省『平成24年版 厚生労働白書──社会保障を考える』

厚生労働省『令和２年版 厚生労働白書──令和時代の社会保障と働き方を考える』

仲正昌樹（2020）『いまこそロールズに学べ──「正義」とはなにか？［新装版］』春秋社

齋藤純一・田中将人（2021）『ジョン・ロールズ──社会正義の探究者』中央公論新社

斎藤幸平（2020）『人新世の「資本論」』集英社

八代尚宏（2011）『新自由主義の復権──日本経済はなぜ停滞しているのか』中央公論新社

索 引

●配列は五十音順，＊は人名を示す。

分担執筆者紹介

所　道彦（ところ・みちひこ）

　　　　　　　　　　　　　　　　　　　　　　・執筆章→2・3・4・5

1965年　京都府に生まれる
2000年　イギリスヨーク大学大学院社会政策学研究科博士課程修了
　　　　（DPhil in Social Policy）
現在　　大阪公立大学大学院生活科学研究科教授
専攻　　社会政策・社会保障論
主な著書　『比較のなかの福祉国家』（共著）ミネルヴァ書房，2003年
　　　　　『社会福祉学』有斐閣（共編著），2011年
　　　　　『福祉国家と家族政策：イギリスの子育て支援策の展開』
　　　　　法律文化社，2012年
　　　　　『生活保護』（共著）ミネルヴァ書房，2013年
　　　　　『子どもの貧困／不利／困難を考えるⅠ　理論的アプロー
　　　　　チと各国の取組み』（共著）ミネルヴァ書房，2015年

山村　りつ（やまむら・りつ）

　　　　　　　　　　　　　　　　　　　　　　・執筆章→6・7・8・9

　　　　　静岡県に生まれる
2001年　横浜国立大学教育学部卒業
2011年　同志社大学社会学研究科社会福祉専攻博士課程修了（博士
　　　　（社会福祉学））同志社大学社会学部（高等教育研究機構）
　　　　助教を経て，
現在　　日本大学法学部公共政策学科准教授
専攻　　福祉政策・社会保障論
主な著書　『精神障害者のための効果的就労支援モデルと制度—モデ
　　　　　ルに基づく制度のあり方—』（単著）ミネルヴァ書房，
　　　　　2011年
　　　　　『生活保障と支援の社会政策』（共著・第8章）明石出版，
　　　　　2011年
　　　　　『入門障害者政策』（編著）ミネルヴァ書房，2019年

田中　弘美（たなか・ひろみ）　　　　　　　　　　　　・執筆章→10・11・12・13

1984年	三重県に生まれる
2017年	同志社大学大学院社会学研究科社会福祉学専攻博士後期課程修了，博士（社会福祉学）
現在	武庫川女子大学文学部心理・社会福祉学科准教授 （2023年4月から心理・社会福祉学部社会福祉学科に変更予定）
専攻	社会政策・社会保障論
主な著書	『「稼得とケアの調和モデル」とは何か──「男性稼ぎ主モデル」の克服』（単著）ミネルヴァ書房，2017年 『子どもの貧困／不利／困難を考えるⅢ──施策に向けた総合的アプローチ』（共著）ミネルヴァ書房，2019年 『いま社会政策に何ができるか　第1巻──どうする日本の福祉政策』（共著）ミネルヴァ書房，2020年 『福祉政策研究入門　政策評価と指標　第1巻──少子高齢化のなかの福祉政策』（共著）明石書店，2022年

編著者紹介

居神　浩 （いがみ・こう）

・執筆章→ 1・14・15

1963年	大阪府に生まれる
1996年	京都大学大学院経済学研究科単位取得退学
現在	神戸国際大学経済学部教授
専攻	社会政策
主な著書	『大卒フリーター問題を考える』（共著）ミネルヴァ書房，2005年
	『子どもの貧困／不利／困難を考えるⅡ　社会的支援をめぐる政策的アプローチ』（共編著）ミネルヴァ書房，2015年
	『ノンエリートのためのキャリア教育論——適応と抵抗そして承認と参加』（編著）法律文化社，2015年

放送大学教材　1519450-1-2311（テレビ）

社会政策の国際動向と日本の位置

発　行　　2023年 3 月20日　第 1 刷

編著者　　居神　浩

発行所　　一般財団法人　放送大学教育振興会

　　　　　〒105-0001　東京都港区虎ノ門1-14-1　郵政福祉琴平ビル

　　　　　電話　03（3502）2750

Printed in Japan　ISBN978-4-595-32404-8　C1336